Als Jesus die Mutter sah und bei ihr den Jünger, den er liebte, sagte er zur Mutter: **„Frau, siehe, dein Sohn!“** Dann sagte er zu dem Jünger: **„Siehe, deine Mutter!“** Und von jener Stunde an nahm sie der Jünger zu sich (Joh 19,26-27).

Michael E. Gaitley, MIC

33 Tage zum Morgen-Gloria

Selbstmach-Exerzitien als Vorbereitung auf die Marienweihe

IMPRIMATUR
Very Rev. Kazimierz Chwalek, MIC
Provincial Superior
The Blessed Virgin Mary, Mother of Mercy Province
7. Oktober 2011

NIHIL OBSTAT
24. Juni 2012
Feast of the Nativity of Saint John the Baptist
Most Reverend Timothy A. McDonnell, D.D.,
Bishop of Springfield, Massachusetts

1. Auflage 2022

Hauptstr. 22, 88353 Kisslegg
www.fe-medien.de

Layout: Renate Geisler

Druck: Pustet, Regensburg

ISBN: 978-3-86357-350-8

Printed in EU

Michael E. Gaitley, MIC

33 Tage zum Morgen-Gloria

Selbstmach-Exerzitien
als Vorbereitung auf die Marienweihe

Aus dem Amerikanischen übertragen von Mechthild Neiske

Für meine Kommunität,

die Marianer von der Unbefleckten Empfängnis
und all unsere Laien-Mitarbeiter und Marianischen Helfer

Mögen wir die Unbefleckte umso mehr lieben.

Jeder sollte eine echte Andacht zu [Maria] haben und sein Leben ihrer mütterlichen Fürsorge anvertrauen.

Vatikan II

Inhaltsverzeichnis

In Dankbarkeit

Vor ungefähr drei Wochen hielt ich einen geistlichen Vortrag vor einigen neuen Männern meiner Ordensgemeinschaft, den Marianern der Unbefleckten Empfängnis. Ich sprach über unser Charisma, unsere Sendung und unsere Identität und erklärte, dass es als besonders aktive Gemeinschaft unsere Aufgabe ist, uns in apostolischen Wirken um Christi und der Kirche willen zu engagieren. Dann fragte ich sie: „Und woher soll unser Eifer für diese Aufgabe kommen?" Einer von ihnen antwortete: „Von unserer Liebe zu Jesus." Er hatte natürlich absolut Recht, aber es geht um mehr. Ich erklärte: „Als Marianer der Unbefleckten Empfängnis sollte auch eine große Liebe zu Maria, die Unbefleckte, eine Hauptquelle unserer Energie und unseres Eifers sein." Als nächstes legte ich ein Geständnis ab. Ich sagte: „Jungs, bitte betet für mich. Ich sage euch das, aber ich selbst muss hier wachsen. Ich habe eine tiefe Liebe zu Jesus und ich bin sicher, dass Maria viel damit zu tun hat, aber ich brauche eine Starthilfe in meiner Hingabe an sie."

Ich erwähne diese Geschichte, weil diese neuen Berufenen der Marianer aus ihrer tiefen Liebe zu Maria für mich gebetet haben. Ich glaube das, weil ich in weniger als einem Monat, nachdem ich um ihre Gebete gebeten habe, dieses Buch schreibe. Ich kann es nicht erklären, außer zu sagen, dass ich vor einer Woche mit der Idee für dieses ganze Buch in meinem Kopf und Herzen aufgewacht bin. Vorausschauend passierte dies direkt, bevor ich eine Woche Urlaub hatte, sodass ich seitdem non-stopp schreibe.

Das Erstaunlichste an all dem ist, dass während ich zwar 10 Jahre gebraucht habe, um mein letztes Buch, *„Consoling the Heart* *of Jesus*", fertig zu schreiben, dieses aber in weniger als einer Woche bereits halb fertig ist. Also schulde ich den neuen Marianern großen Dank. Auch wenn ihre Gebete meinen Urlaub ruiniert haben, bin ich glücklich, weil mein schwelender Eifer für Maria wieder entfacht ist. Meine Hoffnung und mein Gebet ist es, dass dieses Buch, in Eile aber mit Sorgfalt geschrieben, andere lauwarme Seelen zu einer größeren Liebe zu Maria anregen wird.

Bevor ich aber weiterschreibe, möchte ich mich bei den anderen Menschen bedanken, deren Gebete und Ermutigung mir bei diesem Projekt helfen, besonders Maria, die Unbefleckte, Schw. Bernadette Marie Allain-Dupre, FM, Vater Gregory Staab, OMV und Erin Flynn. Auch geht ein spezieller Dank an diejenigen, die sich bereit erklärt haben, den Text Korrektur zu lesen, insbesondere Sarah Chichester, die schon viele hilfreiche Kommentare und Vorschläge gemacht hat. Schlussendlich bin ich dankbar gegenüber Vater Angelo Casimiro, MIC und Curtis Bohner, die helfen werden, den Einband zu entwerfen, Kathy Szpak, die die Seiten gestaltet und der Redaktion der Marianer, die die Änderungen vornehmen werden: David Came und Andy Leeco. Für die Gelegenheit, an diesen Exerzitien zu arbeiten und sie zu veröffentlichen, danke ich meiner Ordensfamilie, der Kongregation der Marianer der Unbefleckten Empfängnis. Und ganz zum Schluss geht mein tiefster Dank an Gott für Seine große Barmherzigkeit, wobei eine der größten unsere Unbefleckte Mutter ist.

P. Michael E. Gaitley, MIC, STL
Nationales Heiligtum der Göttlichen Barmherzigkeit
Stockbridge, Massachusetts
26. Juli 2011
Gedenktag der Hll. Joachim und Anna (Eltern von Maria)

Danksagung

Wir danken für die Erlaubnis zum Abdruck aus den folgenden Werken:
Auszüge aus *Aim Higher!: Spiritual and Marian Reflections of St. Maximilian Kolbe.* Übersetzt von Dominic Wisz, OFM Conv. © 2007 Franciscan Marytown Press, Libertyville, IL.

Auszüge aus *Immaculate Conception and the Holy Spirit* von H.M. Manteau-Bonamy, OP. Übersetzt von Richard Arnandez, FSC. © 1977 Franciscan Marytown Press, Libertyville, IL.

Auszüge aus *The Kolbe Reader.* Bearbeitet von Anselm W. Romb, OFM Conv. © 1987 Franciscan Marytown Press, Libertyville, IL.

Auszüge aus *True Devotion to Mary* von St. Louis de Montfort. Übersetzt von Frederick W. Faber. © 1985 TAN Books, Rockford, IL.

Mutter Teresa's Brief an die Missionarinnen der Nächstenliebe, 25. März 1993 © 2011 Missionaries of Charity Sisters, c/o Mother Teresa Center. Genutzt mit Erlaubnis

Ein spezieller Dank an Michael Collopy für die Erlaubnis, das Bild vom gekreuzigten Jesus auf der Innenseite des vorderen Einbandes reproduzieren zu dürfen.

Literaturverzeichnis für die deutschen Bücher:

DAS GOLDENE BUCH der vollkommenen Hingabe an Jesus durch Maria vom Hl. Ludwig Maria Grignion von Montfort, Kanisius Verlag, Schweiz, Übersetzung und Bearbeitung von Hilde Firtel, 24. Auflage 1990, ISBN 3 85764025 1.

Katechismus der Katholischen Kirche (KKK), R. Oldenbourg Verlag, München – Libreria Editrice Vaticana 1993

Tagebuch der Schwester Maria Faustyna Kowalska aus der Kongregation der Muttergottes der Barmherzigkeit, MISERICORDIA – Verlag, Kraków

P. Karl Stehlin FSSPX, Die Immaculata unser Ideal, Der Geist der Militia Immaculatae nach P. Maximilian Kolbe, Sarto Verlag, Stuttgart 2004

P. Karl Stehlin, Die Weihe an die Immaculata, Alverna Verlag 2018, Schweiz

George Weigel, Zeugen der Hoffnung: Johannes Paul II. Eine Biographie, Ferdinand Schöningh, Paderborn

Der Apostolische Stuhl 1982, Ansprachen, Predigten und Botschaften des Papstes, Erklärungen der Kongregationen, Libreria Editrice Vaticana-Verlag J.B. Bachem, Vollständige Dokumentation, ISBN 3-7616-0743-1

Einführung

Warum ich dieses Buch geschrieben habe und wie es funktioniert

Ich habe dieses Buch aus einem Hauptgrund geschrieben: Die Ganzhingabe an Jesus durch Maria (Marienweihe) ist wirklich „das sicherste, leichteste, kürzeste und vollkommenste Mittel“[1], um ein Heiliger zu werden und es sollte eine einfache und aktualisierte Möglichkeit geben, um in einen solchen Segen einzutauchen.

KEIN LEICHTER WEG ... BIS JETZT. Ich stieß auf ein Problem, als ich meine anderen Selbstmach-Exerzitien schrieb, nämlich *Consoling the Heart of Jesus*. In diesem Buch habe ich darüber gesprochen, wie großartig, erstaunlich und lebensverändernd die Ganzhingabe an Jesus durch Maria ist, aber ich hatte keine Zeit, das vollständig zu erklären. Daher empfahl ich den Lesern, das klassische Buch vom Hl. Ludwig von Montfort über die Marienweihe, *Die vollkommene Hingabe an Jesus durch Maria*, zu lesen.

In der *Vollkommenen Hingabe* bietet von Montfort einen 33-tägigen Vorbereitungskurs für die Marienweihe an. Das Problem ist, dass es nicht so leicht ist, der Vorlage zu folgen, wie es im Buch selbst beschrieben ist. (Die Gebete befinden sich auf verschiedenen Seiten, man muss sie suchen, umblättern usw.) Um dieses Problem zu lösen, haben die von Montfort Patres ein kleineres Buch mit dem Titel *Vorbereitung auf die Vollkommene Weihe* veröffentlicht. In diesem Buch waren alle Gebete zusammengefasst, und es war leichter, die 33 Tage von Montfort zu verfolgen, aber es gab immer noch ein Problem für mich.

Angelehnt an die Informationen über die Weihe steckt von Montforts 33-tägige Vorbereitung voller Litaneien und Gebete. Ich erinnere mich noch genau an den Eindruck, den ich hatte, als ich vor Jahren mit seiner Vorbereitung anfing: „Worauf habe ich mich eingelassen?!" Ich hatte anscheinend einen 33-tägigen Gebetsmarathon begonnen und ich fragte mich, ob ich in der Lage war, ihn bis zum Ende durchzuhalten. Schließlich gab ich mich der Idee hin, dass ich, um die Krone der Marienweihe zu erhalten, nur meine „Gebühren" bezahlen muss, indem ich die lange Liste von Gebeten rezitiere, die jede Woche noch anwuchs. Versteht mich nicht falsch, es ist angebracht, dass wir eine Art Opfer bringen, um ein Geschenk zu erhalten, das so groß ist wie die Weihe an Maria. Darüber hinaus möchte ich das Gebet nicht herabwürdigen, welches so einen immensen Wert hat und „unverzichtbar zum christlichen Leben gehört."[2] Es ist nur so, dass ich persönlich mehr geistliche Früchte sehe, wenn ich nicht lange Gebete rezitiere, sondern *in meinem Herzen inspirierende Lehren über die Marienweihe erwäge*. Ich habe erfahren, dass es nicht wenige gibt, denen es genauso geht und ich möchte nicht, dass sie einen solchen Schatz wie die Marienweihe verpassen, weil es so viele lange Gebete gibt.

Also habe ich dieses Buch geschrieben. Ich war davon überzeugt, dass eine Vorbereitung auf die Marienweihe (oder eine Vorbereitung auf die Erneuerung der Weihe) kein Gebetsmarathon sein muss. Vielmehr kann es eine weniger entmutigende Erfahrung des geistlichen Lesens und des betenden Erwägens sein. Natürlich gibt es diejenigen, die in der ursprünglichen Vorbereitung mehr geistliche Nahrung finden und das ist großartig. Aber ich wollte eine Alternative für diejenigen bieten, die, wie ich, manchmal Schwierigkeiten haben, so viele lange Gebete zu sprechen. Außerdem wollte ich allen – auch den Litanei-Liebhabern – eine aktualisierte Version von Hl. Ludwig's ursprünglicher 33-tägiger Vorbereitung zur Verfügung stellen, die neue Reichtümer aus zeitgenössischen Quellen enthält, eine Marienweihe für das dritte Jahrtausend.

KEINE AKTUALISIERUNG ... BIS JETZT. Im Buch *Consoling the Heart of Jesus* machte ich eine erstaunlich kühne Behauptung. Ich sagte, man könne alle Vorzüge von 30-tägigen ignatianischen Exerzitien nicht in 30 Tagen, sondern an nur einem Wochenende erlangen. Ich war so kühn, indem ich das Stichwort vom ehrwürdigen Vater Pio Bruno Lanteri (1759-1830) aufgegriffen habe, der behauptete, jemand könne alles haben, was er brauche, um „ein großer Heiliger" zu werden, nicht in 30 Tagen, sondern in nur 8 Tagen. Warum glaubte Lanteri, dass seine Exerzitien kürzer sein könnten als 30-Tage-Exerzitien? Weil er sie mit besonderer Betonung auf das hielt, was ich seine „Geheimwaffen" nenne: Göttliche Barmherzigkeit und Maria. Und warum glaubte ich, meine Exerzitien könnten noch kürzer sein als die von Lanteri? Weil Lanteri vor mehr als 180 Jahren gestorben ist und seit seinem Tod noch mehr Einblick in seine Geheimwaffen gewährt wurde, um sie noch mächtiger zu machen. Mit diesen mächtigen Waffen kam ich zu dem Schluss, dass wir noch effektivere Exerzitien haben könnten, sogar an einem Wochenende.

Also, in *Consoling the Heart of Jesus* brauchte ich die meisten Seiten dafür, die reichhaltigen, neuen Erkenntnisse auszupacken, die mit einer von Lanteri's Geheimwaffen zu tun haben: der Göttlichen Barmherzigkeit. So habe ich viel Material von zwei großen zeitgenössischen Heiligen der Barmherzigkeit behandelt: Thérèse von Lisieux und Maria Faustyna Kowalska. Leider hatte ich damals nicht so viel Zeit, um mich mit den neuen Erkenntnissen über die Marienweihe zu befassen. Ich habe diese Einsichten angesprochen, konnte aber nicht in die Tiefe gehen. Zum Glück können wir das in diesem Buch tun.

Auf den folgenden Seiten lesen wir nicht nur vom ersten großen Apostel der Marienweihe, dem Hl. Ludwig von Montfort, sondern auch von anderen marianischen Giganten, die nach ihm kamen. Damit folgen wir einfach dem Beispiel von Montforts. Zu seiner Zeit sammelte und verband er die Lehren der besten Experten der marianischen Spiritualität. Wäre er heute noch am Leben, würde er ohne Zweifel die Lehren der heutigen „marianischen Experten" vorstellen.

Wer sind die zeitgenössischen marianischen Experten? Es gibt viele von ihnen, aber ich habe für unsere Überlegungen „die großen Drei" ausgewählt. Insbesondere habe ich die drei größten Marienheiligen ausgewählt, die die Schönheit und den Reichtum der Weihespiritualität am dramatischten ergänzt haben. Es sind die Hll. Maximilian Kolbe, Mutter Teresa von Kalkutta und Johannes Paul II. Wenn wir den Hl. Ludwig von Montfort zu dieser Mischung hinzufügen, haben wir insgesamt vier marianische Giganten, die uns durch eine kraftvolle und aktualisierte Form der Marienweihe führen werden.

WIE DIE EXERZITIEN FUNKTIONIEREN. Jede Woche dieser vierwöchigen Exerzitien (und weitere fünf Tage Rückblick) lesen wir, wie einer unserer vier Giganten der Marienweihe seine Weihe an Jesus durch Maria erlebt hat. Das Ziel wird nicht nur sein, über sie und ihre Lehre zu lesen, sondern, wie

Maria es tat, *ihre Botschaft im Herzen zu erwägen*. Wir werden also 33 Tage lang keine lange Liste von Gebeten durchgehen. Wir werden unser Bestes geben, um jeden Tag den ganzen Tag damit zu verbringen, über die Lektion des Tages nachzudenken. (Wenn wir abends lesen, können wir den nächsten Tag damit verbringen, über die Lehre des Vortags nachzudenken.) Wie wir aus der Heiligen Schrift wissen, ist diese Herz-erwägende Einstellung spezifisch marianisch (s. Lk 2:19, 51). Das können wir tun, egal wie beschäftigt wir sind. Außerdem habe ich ein kurzes Gebet der Lesung jedes Tages beigefügt, damit wir über die Lektion des Tages nachdenken können. Und weil unser Ziel in diesen 33 Tagen darin besteht, in einer Atmosphäre Herz-erwägender Gebete zu bleiben, nenne ich diese Zeit nicht nur eine Vorbereitung, sondern *Exerzitien*.

Natürlich sind 33 Tage eine lange Zeit, um Exerzitien zu machen und es kann vorkommen, dass wir trotz unserer guten Absichten und besten Bemühungen einen Tag (oder mehrere Tage) die Lesungen und Gebete verpassen. In diesem Fall dürfen wir uns nicht entmutigen lassen und sollten auf keinen Fall aufhören! Stattdessen schlage ich vor, dass wir einfach, sobald wir können, den Text für die Tage lesen, die wir verpasst haben und die Exerzitien fortsetzen. Der Herr weiß, was in unseren Herzen ist und wenn wir wirklich die Weihe anstreben, sollten wir uns von keiner Versuchung aufhalten lassen. Glaubt mir, es ist sehr wahrscheinlich, dass wir versucht sind, unsere Vorbereitung abzubrechen. Aber lasst uns dem nicht nachgeben. Lasst uns unser Bestes tun, um den Lesungen und dem Gebetsgedanken für jeden Tag treu zu bleiben. Wenn wir aufgrund von Nachlässigkeiten ins Stocken geraten, sagen wir dem Herrn, dass es uns leid tut, vertrauen auf seine Barmherzigkeit, holen die fehlenden Lesungen nach und fahren fort.

Der Grund, warum ich vorschlage, dass wir versäumte Lesungen nachholen, hat mit der Struktur der Exerzitien zu tun: Die Lektion jedes Tages baut auf der nächsten auf und alle Teile laufen am Ende zusammen, um ein vollständigen Bild der Marienweihe zu vermitteln. Wir möchten also sicherlich keinen wesentlichen Teil überspringen. Da diese Exerzitien so strukturiert sind, kann es zu Beginn hilfreich sein, kurz über eine Aufschlüsselung der vier vollen Wochen der Exerzitien nachzudenken, wobei zu berücksichtigen ist, dass die letzten fünf Tage für den Rückblick reserviert sind:

Woche 1	–	Hl. Ludwig von Montfort
Woche 2	–	Hl. Maximilian Kolbe
Woche 3	–	Hl. Mutter Teresa
Woche 4	–	Hl. Johannes Paul II*.

* Ich wiederhole, nach der vierten Woche verbleiben fünf Tage. Die ersten vier dieser Tage (29-32) widmen sich wiederum einem Rückblick auf die einzelnen Wochen. Der fünfte Tag (Tag 33 der Vorbereitung) ist reserviert zum Überdenken des Weihegebetes, welches am nächsten Tag gebetet wird, am Marienfest, dem „34.“ Tag.

Nun, ich dachte, bevor wir mit den Exerzitien selbst beginnen, gebe ich eine Einführung in die Marienweihe. Diese Einführung ist nicht Teil der 33 Tage dauernden Vorbereitung. Stattdessen ist es eine Art Vorbereitung für die Vorbereitung. Und das ist gut so, denn während die Einführung jederzeit gelesen werden kann, empfehle ich, die Exerzitien selbst zu einer besonders bestimmten Zeit durchzuführen. Mit anderen Worten, ich schlage vor, dass wir dem Rat vom Hl. Ludwig folgen, um die 33 Tage der Vorbereitung so zu planen, dass sie an der Vigil eines Marienfesttages enden. Um herauszufinden, wann wir beginnen können, findest du in der folgenden Tabelle die Starttage und Feste:

Start der 33 Tage	Marien-Feiertag	Weihe/Fest
9. Januar	Unsere Liebe Frau von Lourdes	11. Februar
20. Februar*	Die Verkündigung des Herrn	25. März
10. April	Unsere Liebe Frau von Fatima	13. Mai
28. April	Heimsuchung	31. Mai
Unterschiedlich	Unbeflecktes Herz Mariens	2. Samstag n. Fronleichnam
13. Juni	ULF vom Berge Karmel	16. Juli
13. Juli	Mariä Himmelfahrt	15. August
20. Juli	Maria Königin	22. August
6. August	Mariä Geburt	8. September
10. August	Mariä Namen	12. September
13. August	Schmerzen Mariens	15. September
4. September	ULF vom Rosenkranz	7. Oktober
19. Oktober	ULF in Jerusalem	21. November
5. November	Unbefleckte Empfängnis	8. Dezember
9. November	ULF von Guadalupe	12. Dezember
29. November	Gottesmutterschaft Mariens	1. Januar
31. Dezember	Mariä Lichtmess	2. Februar

* während eines Schaltjahres, wenn der Februar 29 Tage hat, ist der 21. Februar der Beginn.

Also, zusammen mit dem Hl. Ludwig empfehle ich dir dringendst, zu warten, bis du mit den Exerzitien an einem der o. g. Startdaten beginnen kannst. Trotzdem sollte ich hinzufügen, dass es nie einen schlechten oder falschen Zeitpunkt gibt, um sich auf die Weihe vorzubereiten. Dieses ist nur das Ideal. Wenn du auf einen der Starttermine warten möchtest, musst du aber nicht warten, bis du die folgende Einführung gelesen hast. Tatsächlich kannst du gleich mit dem Lesen beginnen.

Bevor du tatsächlich mit der Einführung beginnst, solltest du auch folgendes berücksichtigen: Exerzitien in der Gruppe machen. Während es üblich ist, Exerzitien alleine zu machen, sind viele Leute der Meinung, dass Formen für Kleingruppen besonders effektiv sind. Wenn du an dieser Option interessiert bist, lies die Informationsseiten am Ende dieses Buches.

Einführung in die Marienweihe

WARUM „MORGEN-GLORIA"? Als du dieses Buch zum ersten Mal sahst, hast du dich vielleicht gefragt: „Warum heißt es *33 Tage zum Morgen-Gloria*?" Der Teil „33 Tage" sollte jetzt klar sein – er bezieht sich auf die Tage der Vorbereitung – aber vielleicht ist der „Morgen-Gloria" Teil noch nicht so klar. Ich habe diesen Teil des Titels gewählt, weil ich der Meinung bin, dass er am besten einfängt, worum es bei der Marienweihe geht: eine neue Lebensweise in Christus. Der Akt, sich durch Maria Jesus zu weihen, markiert den Beginn eines glorreichen neuen Tages, einer neuen Morgendämmerung, eines brandneuen Morgens auf jemandes geistlicher Reise. Es ist ein Neuanfang und es ändert sich alles.

Ich hatte die Erfahrung eines glorreichen neuen Morgens auf meiner eigenen geistlichen Reise, als ich mich am 8. Dezember 1995 zum ersten Mal Maria* weihte. Es war das Ende des ers-

* Ich wiederhole, nach der vierten Woche verbleiben fünf Tage. Die ersten vier dieser Tage (29-32) widmen sich wiederum einem Rückblick auf die einzelnen Wochen. Der fünfte Tag (Tag 33 der Vorbereitung) ist reserviert zum Überdenken des Weihegebetes, welches am nächsten Tag gebetet wird, am Marienfest, dem „34." Tag.

ten Semesters meines ersten Studienjahres. In jenem Semester hatte mir ein Freund eine Ausgabe vom Buch „*Vollkommene Hingabe an Maria*“ vom Hl. Ludwig von Montfort gegeben. Als ich die Worte auf der Rückseite sah, die erklärten, dass dies ein „kurzer, leichter, sicherer und vollkommener Weg“ sei, um ein Heiliger zu werden, war ich überzeugt. Ich dachte bei mir: „Hey, das ist die Art und Weise, wie ich es brauche!“ Also fing ich an zu lesen, obwohl ich ein Stapel Hausarbeit hatte. Noch bevor ich die Hälfte des Buches hinter mir hatte, hielt ich inne, legte es beiseite und entschied energisch: „Ich werde diese Weihe machen.“ Danach nahm ich das nächste verfügbare Marienfest, durchlief den 33-tägigen Gebetsmarathon und machte die Weihe mit großer Leidenschaft. Dieser Tag hat mein Leben total verändert. Ich blicke jetzt zurück und kann wirklich sagen, dass sich alles geändert hat. Alles hat sich geöffnet. Es war ein glorreicher neuer Morgen auf meinem Weg mit Christus, jetzt mit Maria.

Der Hl. Johannes Paul II. beschreibt, dass die Marienweihe eine ähnliche Wirkung auf ihn hatte. Er sagt sogar, dass seine Lektüre von Montforts Buch einen „Wendepunkt“ in seinem Leben darstellte.[3] Tatsächlich war seine Weihe an Jesus durch Maria so wichtig für ihn, dass er als sein päpstliches Motto die eigenen Worte von Montfort „Totus Tuus“ („Ganz Dein“) übernahm, die die vollkommene Weihe an Jesus durch Maria zusammenfassen. Es wurde auch berichtet, dass der Papst jeden Tag die lange Version von Montfort’s Weihegebet sprach.

Ich habe viele Menschen getroffen, die sich Maria geweiht haben, und sie beziehen sich vollständig auf die Worte des Papstes darüber, wie es ein Wendepunkt in jemandes Leben ist – oder wie ich es ausdrückte, „ein glorreicher neuer Morgen“ auf jemandes geistlicher Reise. Es macht wirklich einen Unterschied. Es ist wirklich „das sicherste, leichteste, kürzeste und vollkommenste Mittel", um ein Heiliger zu werden; was mich zu einem weiteren Grund bringt, warum ich mich dafür entschieden habe, „Morgen-Gloria" in den Titel aufzunehmen.

DIE MORGENDÄMMERUNG GLORREICHER NEUER HEILIGER. Wie ich in der Einleitung zu *Consoling the Heart of Jesus* erwähnt habe, sagte der Hl. Ludwig von Montfort einige interessante Dinge über sein Buch *Vollkommene Hingabe an Maria* voraus. Zuerst sagte er, dass nach seinem Tod wütende Dämonen das unveröffentlichte Manuskript verstecken würden, damit niemand es jemals lesen könne – und tatsächlich ging das Manuskript für mehr als ein Jahrhundert nach seinem Tod verloren. Der Heilige schrieb:

> Wohl sehe ich voraus, dass zornschnaubende Bestien voll Wut daher rasen werden, um mit ihren Teufelszähnen diese kleine Schrift zu zerreißen … Zumindest werden sie dieses kleine Büchlein im Dunkel und im Schweigen einer Truhe vergraben, damit es nicht ans Licht kommt.[4]

Von Montfort fuhr fort, dass sein Manuskript irgendwann entdeckt und veröffentlicht würde und dass seine marianische Spiritualität dazu beitragen würde, einige der größten Heiligen in der Geschichte der Kirche zu formen. Außerdem war seine Vorhersage über diese Heiligen nicht, dass es sich nur um wenige Menschen handeln würde. Vielmehr hoffte er, dass es eine ganze Armee dieser größten Heiligen geben würde.

> Diese Aussicht [über die Bestien, die wegen des Manuskripts kommen] gibt mir Mut und lässt mich einen ge-

> waltigen Erfolg erhoffen, nämlich eine Legion tapferer und mutiger Streiter beiderlei Geschlechts, die in den gefahrvollen Zeiten, die mehr als je sich nahen, die Welt, den Teufel und die verderbte Natur bekämpfen werden.[5]

In diesem Kapitel beschreibt von Montfort die Zeiten, die kommen würden, als „gefährlicher denn je". Ich glaube nicht, dass irgendjemand mit mir argumentieren würde, dass wir in gefährlichen Zeiten leben. Tatsächlich ist unsere Zeit in vielerlei Hinsicht von beispiellosem Übel geprägt. Aber keine Sorge, hier sind einige gute Neuigkeiten: In Zeiten beispiellosem Bösen möchte Gott beispiellose Gnade gewähren. Denn wie der Hl. Paulus schrieb: „… wo jedoch die Sünde mächtig wurde, da ist die Gnade übergroß geworden," (Röm 5:20). Und eine der Möglichkeiten, wie Gott in unserer Zeit seine übergroße Gnade schenkt, ist die Erhebung einiger der größten Heiligen, die es je gab. Der Hl. Ludwig beschreibt diese Heiligen wie folgt:

> … denn der Herr und seine heilige Mutter werden große Heilige bilden, die an Vollkommenheit die meisten der anderen Heiligen so sehr überragen wie die Zedern des Libanon die kleinen Sträucher.[6]

Wie kann das sein? Die Heiligen, die vor uns da waren, sind sicherlich beeindruckend. Darüber hinaus ist die Tugend und Heiligkeit der Menschen in unserer Zeit – einschließlich der heutigen Gesellschaft – nicht gerade herausragend. Das ist jedoch der erstaunliche Punkt. Gott möchte aus den kleinen Seelen Heilige formen. Er möchte Heilige nach dem Muster der Unbefleckten Empfängnis Mariens formen. Betrachte es auf diese Art: die Unbefleckte Empfängnis Mariens, die Gnade, mit der sie ohne Makel der Erbsünde empfangen wurde, es ist ein unglaubliches Geschenk der Barmherzigkeit. Besonders bemerkenswert ist, *dass Maria nichts getan hat, um diese Gnade zu verdienen oder dass sie ihrer würdig gewesen wäre.* Es war ein vollkommenes Geschenk – gewonnen durch die Verdienste ihres Sohnes. Maria war kein Embryo im Mutterleib ihrer Mutter, der Hl. Anna, das den Rosenkranz gebetet hat, um diese Gnade zu verdienen. Sie erhielt es vielmehr im Moment ihrer Empfängnis, im Moment ihres Entstehens. Also tat sie absolut nichts, um es zu verdienen. Es war Gottes Initiative, dieses völlig kostenlose und wunderbare Geschenk zu geben.

So ist es auch bei uns. Gott bietet den Menschen unserer Zeit einen mächtigen und effektiven Weg an, um große Heilige zu werden und das liegt nicht daran, weil wir so gut sind. Es ist vielmehr so, weil unsere Zeiten so gefährlich sind und Gott möchte, dass Seine Barmherzigkeit durch Maria siegt. Also gibt Er uns armen, sündigen Seelen ein unglaubliches Geschenk – was der Hl. Ludwig ein wenig bekanntes „Geheimnis“ nennt:

> Ihr armen Kinder Mariens, eure Schwäche ist grenzenlos, eure Unbeständigkeit ist groß, euer Wesenskern ist verderbt. Ich gebe es zu, ihr seid aus dem gleichen verdorbenen Stoff gebildet wie alle Kinder Adams und Evas. Aber verliert deswegen nicht den Mut: tröstet euch, ja freuet euch! Seht, ich lehre euch ein Geheimnis, ein Geheimnis, das fast allen Christen unbekannt ist, sogar den frömmsten.[7]

Was ist dieses gesegnete „Geheimnis“? Es ist die Spiritualität einer vollkommenen Hingabe an Maria, eine Spiritualität der vollkommenen Hingabe an Jesus durch Maria. Darum geht es bei diesen Exerzitien. Bevor wir beginnen, sollte ich eine zusammenfassende Erklärung der Marienweihe geben, deren Verständnis sich im Laufe unserer Exerzitien vertiefen wird.

WAS IST MARIENWEIHE? Was folgt, ist der Überblick über die Marienweihe, die ich in meinem Buch, *Consoling the Heart of Jesus*, vorgestellt habe. Wenn du es dort bereits gelesen hast, kannst du diesen Abschnitt überspringen. Es schadet jedoch nicht, es zu wiederholen, oder?

Um das Wesen der vollkommenen Hingabe an Jesus durch Maria richtig zu verstehen, müssen wir zunächst über einen wichtigen Punkt nachdenken: Jesus möchte uns alle in Sein Heilswerk einbeziehen. Mit anderen Worten, Er erlöst uns nicht nur und erwartet von uns, dass wir uns zurücklehnen und entspannen. Im Gegenteil, Er bringt uns an die Arbeit. Er möchte, dass wir alle auf die eine oder andere Weise im Weinberg Seines Vaters arbeiten. Warum Er nicht einfach mit den Fingern schnippte und Dinge so anordnete, die jeder auf der Welt durch eine private, mystische Offenbarung individuell hören und verstehen würde, wissen wir nicht. Was wir wissen ist, dass Jesus sich auf andere verlässt, um Sein Evangelium zu verbreiten, und dass er Seine Jünger beauftragt, es allen zu predigen (siehe Mt 28:19-20). Er sagte im Grunde zu ihnen und zu uns: „Lasst uns an die Arbeit gehen!" Natürlich ist es ein großes Geschenk und ein herrliches Privileg, dass Gott uns in Sein Heilswerk einbeziehen möchte. Wirklich, es gibt keine wichtigere Arbeit zu tun.

Während jeder aufgerufen ist, am großen Heilswerk mitzuwirken, hat nicht jeder die gleiche Rolle. Der Hl. Paulus zum Beispiel sagt: „Es gibt verschiedene Dienste, ... Es gibt verschiedene Kräfte," [Anmerkung der Übersetzerin: in Englisch heißt es „verschiedene Arbeit"]. Er fährt fort, dass Gott zum Heilswerk erstens Apostel, zweitens Propheten, drittens Lehrer eingesetzt hat; ferner verlieh er die Kraft, Machttaten zu wirken, sodann die Gaben, Krankheiten zu heilen, zu helfen, zu leiten .... (Vers 28) Wer auch immer wir sind, Gott hat uns in Seinem großen Werk zu einer besonderen Aufgabe eingesetzt.

Unter den verschiedenen Rollen, die Gott Seinen Kindern gegeben hat, gibt es eine, die extrem wichtiger ist als alle anderen: die Aufgabe, die Er Maria gegeben hat. Wir alle wissen, dass Gott Maria auf einzigartige Weise gesegnet hat, indem Er sie auserwählt hat, um Jesus Christus, unseren Erlöser, zu empfangen, zu gebären und zu nähren. Aber stellen wir auch fest, dass ihr gesegnetes Werk nicht zu Ende ging, als Jesus Sein Zuhause verließ und Seinen öffentlichen Dienst begann? Nach den drei Jahren des verborgenen Lebens Mariens, während des öffentlichen Wirkens Jesu, brachte Jesus sie zurück in das Bild Seines Heilswerkes und dessen wichtigsten Zeitpunkt: zur „Stunde" Seiner Passion. Zu dieser Stunde könnten wir sagen, dass Er Marias besondere Aufgabe vollständig enthüllt hat – dieselbe Aufgabe, mit der sie vor 33 Jahren begonnen hatte und die sie immer noch fortsetzt.

Jesus hat Marias besondere Aufgabe kurz vor Seinem Tod vollständig offenbart. Es geschah, als Er vom Kreuz herabblickte und zu Maria sagte, als sie mit dem Apostel Johannes dastand: „Frau, siehe dein Sohn" und zu Johannes: „Siehe, deine Mutter" (Joh 19:26-27). In diesem Moment schenkte uns Jesus eines Seiner größten Geschenke: Seine Mutter als unsere Mutter. Sie ist unsere geistliche Mutter. Mit anderen Worten, genau wie es vor 2000 Jahren ihre Aufgabe war, Christus zur

Welt zu bringen, Ihn zu nähren und zu pflegen und Ihm zu helfen, heranzuwachsen und sich zu einem Mann zu entwickeln, so ist es auch von der Zeit an, als sie zum ersten Mal dazu Ja sagte, Jesu Mutter zu sein: bis ans Ende der Zeit hat Maria die Aufgabe Christen geistlich zu gebären, sie mit Gnade zu nähren und zu pflegen und ihnen zu helfen, in Christus zur vollen Größe zu wachsen. Kurz gesagt, Marias Aufgabe ist es, uns dabei zu helfen, in Heiligkeit zu wachsen. Es ist ihre Mission, uns zu Heiligen zu formen.

„Jetzt warte mal", könnte jemand sagen, „ist es nicht die Aufgabe des Heiligen Geistes, uns heilig zu machen?" In der Tat, Er ist es. Der Heilige Geist ist der Heiligmacher. Er ist es, der uns bei unserer Taufe von bloßen Geschöpfen in Glieder des Leibes Christi verwandelt, und Er ist es, der uns dabei hilft, uns durch ständige Bekehrung in Christus zu verwandeln. Großartig. Und wie passt Maria in all das hinein?

Maria ist die Braut des Heiligen Geistes. Bei der Verkündigung erklärte der Engel Gabriel Maria, dass sie einen Sohn empfangen und gebären würde und dass der Heilige Geist sie überschatten würde (siehe Lk 1:31-35). Als Maria sagte: „Siehe, ich bin die Magd des Herrn, mir geschehe nach deinem Wort" (Lk 1:38) können wir am deutlichsten sehen, dass sie die Braut des Heiligen Geistes ist, denn in diesem Moment gab sie dem Heiligen Geist die Erlaubnis, Christus in ihrem Leib zu empfangen. So zeigte sich in diesem Moment die bereits unvorstellbar tiefe Bindung zwischen Maria und dem Heiligen Geist, die (rechtzeitig) im ersten Moment ihrer Unbefleckten Empfängnis begonnen hatte, als nichts Geringeres als eine eheliche Vereinigung von Zwei sein zu Eins werden (siehe Gen 2:24) geschah. Infolge dieser Vereinigung freut sich der Heilige Geist, durch Seine Braut Maria für die Heiligung der Menschheit zu arbeiten und zu handeln. Natürlich musste Er nicht so mit Maria verbunden sein. Es war Seine freie Entscheidung (und die des Vaters und des Sohnes) und an dieser Entscheidung erfreut Er sich.

Es ist also Marias große gottgegebene Aufgabe, in Vereinigung mit und durch die Kraft des Heiligen Geistes, jeden Menschen zu einem „anderen Christus" zu formen, d. h. jeden mit dem Leib Christi zu vereinen und jeden Menschen zu einem vollkommen reifen Glied dieses Leibes zu formen.[8] Daher ist jeder Mensch aufgefordert, sich im Schoße Mariens auszuruhen und sich dort durch die Kraft des Heiligen Geistes vollkommener in das Bild Christi verwandeln zu lassen. Ja, wenn wir vollkommener Christus werden wollen, müssen wir vollkommen zu Maria gehören. Indem wir zu ihr gehen und bei ihr bleiben, ermöglichen wir ihr, ihre Mission in uns zu erfüllen. Wir erlauben ihr, uns zu einem anderen Christus zu formen, zu großen Heiligen. Aber wie machen wir das? Wie können wir vollkommener zu Maria gehören und ihr erlauben, ihre Mission in uns zu erfüllen? Das ist einfach. Wir sagen Ja, genau wie sie.

Maria hat einen tiefen Respekt vor der menschlichen Freiheit. Sie weiß aus eigener Erfahrung in Nazareth, was ein freies Ja zu Gott bewirken kann (siehe Lk 1:38) und setzt uns daher nicht unter Druck, ihr unser Ja zu geben. Natürlich kümmert sie sich immer um ihre Kinder, aber sie wird uns nicht zwingen, eine tiefere Beziehung mit ihr einzugehen. Sie lädt uns sicherlich zu einer solchen Beziehung ein und wartet geduldig darauf, dass wir ihre Einladung annehmen, aber sie bleibt respektvoll. Wenn wir jedoch sehen könnten, wie viel Sehnsucht sich hinter ihrem Schweigen verbirgt, würden wir zu ihr Ja sagen und wenn nur deshalb, um sie zu entlasten. Ja zu sagen ist mehr als nur Erleichterung. Es macht ihr Freude. Große Freude. Und je vollkommener wir Maria unser Ja sagen, desto fröhlicher wird sie. Denn unser Ja gibt ihr die Freiheit, ihre Arbeit in uns zu vervollkommnen, die Freiheit, uns zu großen Heiligen zu formen. Dies bringt uns zum Kern dessen, worum es bei der Marienweihe geht.

Marienweihe bedeutet im Grunde, Maria unsere volle Erlaubnis (oder so viel Erlaubnis wie möglich) zu geben, um ihre mütterliche Aufgabe in uns zu erfüllen, die darin besteht, uns zu einem anderen Christus zu formen. Indem wir uns Maria weihen, sagt jeder von uns zu ihr:

> Maria, ich möchte ein/e Heilige/r sein. Ich weiß, dass du auch willst, dass ich ein/e Heilige/r bin und dass es deine gottgegebene Mission ist, mich in eine/n zu formen. Also, Maria, in diesem Moment, an diesem Tag, entscheide ich mich frei, dir meine volle Erlaubnis zu geben, deine Arbeit in mir mit deinem Bräutigam, dem Heiligen Geist, zu tun.

Sobald Maria hört, dass wir eine solche Entscheidung treffen, fliegt sie zu uns und beginnt, ein Meisterwerk der Gnade in unserer Seele zu wirken. Sie setzt diese Arbeit so lange fort, wie wir uns nicht bewusst dafür entschieden haben, unsere Wahl von „Ja" in „Nein" zu ändern, solange wir unsere Erlaubnis nicht zurücknehmen und sie verlassen. Trotzdem ist es für uns immer eine gute Idee, unser „Ja" zu Maria zu vertiefen. Je tiefer unser „Ja" wird, desto wunderbarer kann sie ihre Gnadenwerke in unserer Seele vollbringen.

Einer der größten Aspekte der Hingabe an Maria ist, dass sie eine so sanfte Mutter ist. Sie macht die Lektionen des Kreuzes zu etwas Süßem und schüttet ihre mütterliche Liebe und ihren Trost in jede Wunde. Zu ihr zu gehen und ihr die Erlaubnis zu geben, ihre Arbeit wirklich zu tun, ist das „sicherste, leichteste, kürzeste und vollkommenste Mittel", um ein Heiliger zu werden. Welche Freude ist es, durch Maria Jesus geweiht zu werden!

Jetzt können wir mit den Exerzitien beginnen und mehr über dieses gesegnete „Geheimnis" und den Mann erfahren, der es der Welt so kraftvoll verkündet: der Hl. Ludwig Maria von Montfort.

ERSTE WOCHE

Der Hl. Ludwig von Montfort

In dieser Woche konzentrieren wir uns auf das Beispiel und die Worte des ersten großen Propheten der Marienweihe. Wir werden zunächst etwas über sein Leben lernen und dann über die wesentlichen Aspekte seiner marianischen Lehre nachdenken. [Bitte beachte: Wir haben hier nicht genügend Platz, um alle wesentlichen Elemente der Lehre von Montfort's abzudecken. Ausgelassene Elemente werden in späteren Wochen behandelt.]

1. TAG
Der leidenschaftliche Heilige der Bretagne

Schau dir eine Karte von Frankreich an. Schau jetzt mal auf Frankreichs Form. Siehst du, wie ein Teil weit herausragt, als würde er vom Rest der Landmasse weglaufen und bereit sein, ins keltische Meer abzutauchen? Dieser herausragende Arm im Nordwesten des Landes heißt „Bretagne" und dort ist der Hl. Ludwig von Montfort aufgewachsen.

Die Bretagne hat etwas Besonderes, was den Hl. Ludwig zu beeinflussen scheint: ihre keltischen Wurzeln. Die Bretagne gilt als eine der sechs keltischen Nationen, was bedeutet, dass die keltische Sprache und Kultur immer noch überlebt hat (Kratze also an dem Teil, an dem die Bretagne bereit ist, in das keltische Meer einzutauchen. Es ist schon da und schwimmt.). Und ein Teil der keltischen Kultur scheint tief in das Herz vom Hl. Ludwig eingedrungen zu sein: das große Temperament seiner Krieger.

Seit jeher haben keltische Krieger die Herzen ihrer Feinde in Schrecken versetzt. Wenn du jemals den Film Braveheart gesehen hast, weißt du, was ich meine. Denk an die furchtlose Gestalt von Sir William Wallace (gespielt von Mel Gibson) und seiner verrückten Bande schottischer Highlander, die sich einem englischen Feind stellen, der um ein Vielfaches größer ist. Dies zeigt etwas vom keltischen Kampfgeist, aber die reale Version ist noch intensiver.

Echte keltische Krieger trugen oft nichts als blaue Kampffarbe und versetzten sich in blutrünstigen Kampfesrausch, rannten schreiend in den Kampf und schlugen mit riesigen Zweihandschwertern slash bash wild auf ihre Feinde ein, schlitzen sie auf und schlugen ihnen die Köpfe ab. Diese kämpferischen Männer waren trotz ihres Mangels an Disziplin, Rüstung und Ordnung aufgrund ihrer unübertroffenen Leidenschaft und Wildheit äußerst effektiv im Kampf. Im Laufe der Geschichte wollte sich niemand mit den verrückten keltischen Kriegern anlegen.

Der Vater vom Hl. Ludwig, Jean Grignion, muss von diesen wilden Kriegern abstammen, denn niemand wollte sich mit ihm anlegen. Tatsächlich war er dafür bekannt, das feurigste Temperament in der gesamten Bretagne zu haben. Wie ein Autor sagt: „Er war ein Vulkan, der häufig ausbrach.“[9] Der Hl. Ludwig dagegen war so sanft wie ein Lamm, oder? Falsch. Er gestand, dass sein Temperament genauso schlecht war wie das seines Vaters. Aber Ludwig kanalisierte seine feurige Leidenschaft nicht auf Drohungen und Gewalt, sondern darauf, für die größere Ehre Gottes zu arbeiten – nun, bis auf die Zeit, in der er ein paar Betrunkene ausschaltete, die nicht aufhörten, ihn zu belästigen, während er predigte. Wir können Ludwig's bemerkenswerten Eifer besser verstehen, wenn wir über sein kurzes, aber unglaublich produktives Priesterleben nachdenken.

Als er 1716 starb, war der Hl. Ludwig gerade 43 Jahre alt und erst 16 Jahre lang Priester. Unermüdliche Bemühungen, Jesus durch Maria Seelen zu bringen, insbesondere durch seine Predigten in endlosen Folgen von Pfarrmissionen, führten zu seinem frühen Tod. Als ob diese lebensraubenden Arbeiten nicht genug Leiden gewesen wären, musste Ludwig eine bösartige Verfolgung durch die Geistlichen und Jansenisten ertragen,[10] sogar bis zu dem Punkt, dass er von ihnen körperlich angegriffen und vergiftet wurde. Trotz alledem rückte unser unbezwingbarer Krieger immer weiter auf dem Schlachtfeld vor und predigte ununterbrochen seinen markanten Weg zu Jesus durch Maria. In der Tat, als Leiter der Kirche in Frankreich dachten, sie hätten seiner Arbeit ein Ende gesetzt, ging Ludwig die 1000-Meilen-Reise nach Rom und bat den Papst um Weisheit und Rat. Der Papst forderte ihn nicht nur auf, nach Frankreich zurückzukehren und weiter zu predigen, sondern verlieh ihm auch den Titel „Apostolischer Missionar". Unser Heiliger kehrte gehorsam und freudig nach Frankreich zurück, wo er weiterhin predige, schrieb und seine vielen Leiden geduldig aus Liebe für Jesus, Maria und die Seelen ertrug.

Die Leidenschaft und der Eifer des Hl. Ludwig entzündeten ein Feuer in dem jungen Karol Wojtyła, dem zukünftigen Papst Johannes Paul II. Einige Jahre vor seinem Tod konnte der Papst einen Lebenstraum verwirklichen und das Grab von Montfort's besuchen. Bei dieser Gelegenheit sagte er: „Gerne beginne ich meine Pilgerreise nach Frankreich im Zeichen dieser edlen Figur. Wie Sie wissen, habe ich diesem Heiligen und seiner Abhandlung über die vollkommene Hingabe an die *Jungfrau Maria* viel zu verdanken."[11]

Nun, was ist mit uns? Haben wir ein Feuer in unseren Herzen, da wir diese Exerzitien beginnen? Wir sollten es. Oder zumindest sollten wir danach streben. Sehnsucht und Großherzigkeit sind Schlüsselelemente für erfolgreiche Exerzitien. Möge Maria für uns eintreten und möge der Heilige Geist uns mit Leidenschaft erfüllen, diese Tage der Exerzitien gewissenhaft zu gestalten, trotz jeder Müdigkeit, Ablenkung oder Hindernisse. Und denken wir daran, dass das, was wir möglicherweise in Bezug auf die Gebetsdisziplin ertragen müssen, nichts im Vergleich zu dem ist, was der Hl. Ludwig durchgemacht hat und er wird für uns eintreten. Verlassen wir uns auf seine Fürsprache und die der Muttergottes und beschließen wir, uns diesen Exerzitien mit der Intensität und dem Eifer eines keltischen Kriegers zu widmen – allerdings ohne all die Gesichtsfarbe und das Geschrei.

Heutiges Gebet:

Komm, Heiliger Geist, der Du in Maria lebst.
Hilf mir, diese Exerzitien mit Großherzigkeit
und Eifer zu machen.

2. TAG
Der Einfluss des Hl. Ludwig auf die Kirche

Es gibt eine Geschichte aus dem Leben des Hl. Ludwig von Montfort, die seine Leidenschaft besonders zum Ausdruck bringt, über die wir erst gestern nachgedacht haben. In der Stadt Pontchâteau inspirierte der Hl. Ludwig die Bauern, auf einem benachbarten Hügel ein riesiges Denkmal der Passion Christi zu errichten. Hunderte von Bauern haben sich 15

Monate lang freiwillig für den Bau eingesetzt. Als es fertiggestellt war, stellte es ein massives Bauwerk dar, ein wahres Liebeswerk, und am Tag, bevor es vom Bischof geweiht werden sollte, erhielt Ludwig die Nachricht, dass seine Feinde die Regierung überzeugt hatten, es zu zerstören (sie hatten die Behörden angelogen und gesagt, dass das Gebäude eigentlich eine Festung gegen die Regierung sein sollte.). Als Ludwig diese enttäuschende Nachricht erhielt, erzählte er den Tausenden von Menschen, die sich für die Segnungszeremonie versammelt hatten: „Wir hatten gehofft, hier einen Kalvarienberg zu errichten. Lasst uns ihn in unseren Herzen bauen. Gepriesen sei Gott!"

Eine Sache bei der Arbeit für des Herrn ist: Es ist nicht immer so, wie wir es geplant haben. Zum Beispiel hatte der Hl. Ludwig mit Sicherheit geplant, dass sein Denkmal für Christus länger als einen Tag stehen würde. Der Heilige akzeptierte gehorsam die Zerstörung seiner Pläne und pries Gott. Durch diese Art der Loslösung von seinem eigenen Willen und seiner Bindung an Gott wurde Ludwig zu einem Werkzeug, mit dem Gott noch mächtigere Werke vollbringen konnte. Obwohl sein physisches Denkmal zerstört wurde, wurde Ludwigs Lehre schließlich zu einem riesigen Bauwerk in der Kirche, das großen Einfluss auf viele Päpste und die katholische Spiritualität ausübte. In der Tat zahlten sich von Montforts leidenschaftliche Arbeiten am Ende aus, auch wenn er die Frucht selbst nicht sah.

Während wir uns gerade auf die Weihe an Jesus durch Maria vorbereiten, wollen wir über die Unterstützung nachdenken, die verschiedene Päpste für die Lehre vom Hl. Ludwig gegeben haben. Möge das Zeugnis ihrer Unterstützung unsere

Entschlossenheit stärken, zum Tag der Weihe zu reisen und uns das Vertrauen geben, dass unsere Weihe wirklich große Früchte in unserem Leben tragen wird, auch wenn wir noch nicht vollständig verstehen, wie.

- Der Selige Papst Pius IX. (1846–78) erklärte, dass die Hingabe des Heiligen Ludwig von Montfort an Maria die beste und akzeptabelste Form der Hingabe an Unsere Liebe Frau sei.

- Papst Leo XIII. (1878–1903): Gewährte denjenigen, die den Akt der Weihe an die Heilige Jungfrau nach Ludwig von Montfort vollziehen, einen vollkommenen Ablass. Auf seinem Sterbebett erneuerte er die Weihe selbst und berief sich auf die himmlische Hilfe des Heiligen Ludwig von Montfort, den er 1888 seliggesprochen hatte. Mehr noch, dieser Papst war nachweislich so von den Bemühungen des Hl. Ludwig beeinflusst, den Rosenkranz zu verbreiten, dass er 11 Enzykliken zu dieser herausragenden Andacht schrieb.

- Hl. Papst Pius X. (1903-1914) empfiehlt, wie Leo XIII. den Gläubigen die vollkommene Hingabe an die Heilige Jungfrau von ganzem Herzen. In der Tat gewährte er jedem, der von Montforts Formel für die Marienweihe beten würde, einen vollkommenen Ablass *in perpetuum* (auf ewig) und bot jedem, der einfach nur die *Vollkommene Hingabe* lesen würde, seinen Apostolischen Segen an. Dieser Papst ermutigte die Gläubigen so nachdrücklich, von Montforts Weg der Marienverehrung zu folgen, weil er selbst dessen Macht erfahren hatte. Tatsächlich drückte der Heilige Papst in seiner marianischen Enzyklika *Ad Diem Illum* seine eigene Abhängigkeit gegenüber von Montfort schriftlich aus, was deutlich wird, wenn man sie mit der *Vollkommenen Hingabe* vergleicht. Die

Enzyklika des Papstes spiegelt immer wieder den Ton und Geist von Montforts klassischem Werk wider, was folgende Sätze zeigen: „Es gibt keinen sichereren oder leichteren Weg als Maria, alle Menschen mit Christus zu vereinen."

- Papst Pius XI. (1922–39) erklärte einfach: „Ich habe diese Andacht seit meiner Jugend geübt."

- Der ehrwürdige Papst Pius XII. (1939–58) sprach Ludwig 1947 heilig und bezeichnete in seiner Predigt zur Heiligsprechungsmesse von Montforts Marienlehre als „solide und richtig". Als der Papst dann die Pilger ansprach, die zur Heiligsprechung gekommen waren, sagte er, von Montfort führe uns zu Maria und von Maria zu Jesus und fasste so die Bedeutung der Marienweihe zusammen.

- Der Hl. Papst Johannes Paul II. (1978–2005) *förderte von Montforts Lehre mehr als jeder andere Papst.* Wir werden mehr darüber in der vierten Woche der Exerzitien erfahren. Es genügt hier, sich an zwei erstaunliche Fakten zu erinnern: Erstens, dass Johannes Paul's päpstliches Motto *Totus Tuus* (Ganz dein) war, was er direkt aus von Montforts kürzerem Weihegebet nahm; zweitens, dass Johannes Paul seine Lektüre der *Vollkommenen Hingabe an Maria* als einen entscheidenden Wendepunkt in seinem Leben beschrieb.

Heutiges Gebet:

Komm, Heiliger Geist, der Du in Maria lebst.
Bereite mich darauf vor, mich selbst ganz hinzugeben, um diese Hingabe solide und vollkommen zu leben.

3. TAG
Von Montforts Weihe (Teil Eins)

Okay, also wir baten am ersten Tag um mehr Leidenschaft und Eifer bei der Vorbereitung auf die Weihe. Gestern haben wir über den unglaublichen Einfluss nachgedacht, den von Montforts kurzes Leben auf die Kirche hatte. Das machtvolle Zeugnis von Autoritäten, nicht weniger als Päpste, hatte unseren Eifer weiter befeuern und uns zum Nachdenken bringen sollen: „Was ist diese erstaunlich einflussreiche Lehre eines Priesters, der nur 43 Jahre alt wurde?" Natürlich ist es seine Lehre über die Marienweihe, aber was genau bedeutet das?

Erinnere dich an die Zusammenfassung der Marienweihe in der Einleitung zu diesen Exerzitien. Dort präsentierte ich die Weihe als unser Ja zu Maria, die es ihr ermöglichte, in uns ihre gottgegebene Aufgabe zu erfüllen, uns zu einem anderen Christus zu formen. Und das ist alles wahr. Aber es gibt noch mehr. Der Hl. Ludwig gibt zwei Schwerpunkte in seiner Lehre über die Marienweihe, die erweitern, was wir bereits darüber gelesen haben. Diese beiden Schwerpunkte sind (1) eine Erneuerung unserer Taufgelübde und (2) eine besonders innige Selbsthingabe an Maria. Schauen wir uns jede dieser beiden Punkte nacheinander an (einen heute und einen morgen).

Der Tag unserer Taufe ist der bedeutendste in einem jeden Leben. Es ist, wenn wir armen, sündigen Geschöpfe nicht nur von der Sünde gereinigt werden, sondern auch die erstaunliche Würde und Ehre erhalten, in Söhne und Töchter des allmächtigen Gottes verwandelt zu werden. Bevor wir diese erstaunliche Gnade empfingen, versprachen wir feierlich bei dieser freudigen Gelegenheit (oder wenn wir Säuglinge waren, versprachen es andere in unserem Namen), Satan zu widersagen und dann bekannten wir (oder andere in unserem Namen) unseren Glauben und unsere Bindung an Jesus Christus. Dann erneuern wir jedes Ostern feierlich dieses Versprechen und diese Bindung. Aber halten wir es? Sind wir unserem Wort treu? Nein. Wir alle sündigen. Leider geben wir alle „der Pracht und den Werken" Satans nach und lehnen Christus ab, zumindest in gewisser Weise.

Warum geschieht das? Die einfache Antwort ist die Erbsünde: Wir haben eine gefallene Natur und sind anfällig für die Sünde. Das stimmt, aber der Hl. Ludwig lädt uns ein, tiefer zu gehen und unser Gewissen zu untersuchen. Wenn wir dies tun, werden wir feststellen, dass ein Hauptgrund, warum wir in Sünde verfallen, unser Vergessen ist, das Vergessen unseres Versprechens und unserer Bindung an Christus bei der Taufe. Von Montfort schlägt vor, dass, wenn wir unsere Taufgelübde persönlich und aufrichtig erneuern und sie in die Hände Mariens legen würden, würde dieser Akt allein den langen Weg gehen, uns zu helfen, die Sünde in unserem Leben zu überwinden. Deshalb macht er eine solche Erneuerung der Gelübde zu einem wesentlichen Element seines Weihegebetes. Im ersten Absatz dieses Gebetes lässt er uns Maria ansprechen und zu ihr beten:

> Ich (Name), ein treuloser Sünder, erneuere und bekräftige heute in deine Hände meine Taufgelübde. Für immer widersage ich dem Satan, seiner Pracht und seinen Werken. Ich gebe mich ganz Jesus Christus hin, der menschgewordenen Weisheit, um mein Kreuz Ihm nachzutragen alle Tage meines Lebens und Ihm treuer zu sein, als ich es bisher war.[12]

Also lässt der Hl. Ludwig uns die Sünde direkt an ihrer Wurzel angreifen – Satan und seine Pracht und Werke –, lässt uns unser Leben wieder Christus übergeben und lässt uns all dies mit und durch Maria tun. Warum durch Maria? Weil Gott Feindschaft zwischen ihr und Satan gesetzt hat (siehe Gen 3:15) und Satan sie nicht ertragen kann. Nach dem Hl. Ludwig *fürchtet Satan sie nicht nur mehr als die Engel und Heiligen*, sondern in gewissem Sinne sogar mehr als Gott selbst! Warum? Weil, wie er es ausdrückt: „…ist ja Satan stolz und leidet darum unendlich viel mehr darunter, von einer kleinen, demütigen Magd Gottes besiegt und bestraft zu werden, deren Demut ihn tiefer erniedrigt als Gottes Macht.“[13] So gibt uns von Montfort einen praktischen und wirksamen Weg, die Sünde in unserem Leben zu überwinden: formell Satan zu widersagen und uns durch Maria wieder an Christus zu binden.

Wir werden am letzten Tag dieser Woche mehr über Marias Macht über das Böse hören. Morgen werden wir über das zweite Element der Weihe vom Hl. Ludwig nachdenken, das besonders innige Geschenk von uns an Maria. Denken wir heute über das Versprechen nach, das wir bei unserer Taufe gegeben haben, Satan zu widersagen und Christus zu lieben und Ihm nachzufolgen.

Heutiges Gebet:

Komm, Heiliger Geist, der Du in Maria lebst.
Gib mir die Gnade, Satan zu widersagen und Christus enger zu folgen.

4. TAG
Von Montforts Weihe (Teil Zwei)

Gestern sagte ich, dass der Hl. Ludwig zwei besondere Schwerpunkte in seiner Lehre über die Marienweihe hat: (1) eine Erneuerung unserer Taufgelübde und (2) eine besonders innige Selbsthingabe an Maria. Wir haben gestern den ersten Schwerpunkt behandelt. Schauen wir uns nun den zweiten an, indem wir zunächst die Frage stellen: „Warum sollten wir uns Maria hingeben?"

Wir sollten uns Maria hingeben, um unseren Herrn und Erlöser, Jesus Christus, nachzuahmen. Hat sich Jesus nicht von dem Augenblick der Menschwerdung an Maria hingegeben? Ja, das hat Er getan. Und sind wir nicht berufen, Christus nachzuahmen? Ja, das sind wir. Aber ist Maria nicht ein Geschöpf? Ja, sie ist es, aber sie ist einzigartig. Maria ist nicht nur frei von Sünde und entspricht vollkommen dem Willen Gottes, sondern durch Gottes Willen und Wohlgefallen hat Maria – wie wir aus der Einleitung gelernt haben – eine besondere Rolle bei unserer Heiligung. Deshalb sollten wir uns der Muttergottes hingeben, damit sie uns zu Heiligen, zu einem Abbild Christi formen kann. Wir sollten ihr unser Ja geben. Aber der Hl. Ludwig geht noch einen Schritt weiter. Sein Ja zu Maria ist besonders tief, ein zutiefst inniges Geschenk seiner selbst an Maria:

Diese Frömmigkeitsform besteht also darin, dass man sich der Muttergottes völlig hingibt, um durch sie ganz Jesus anzugehören. Wir müssen ihr schenken:

1. Unseren Leib mit allen seinen Sinnen und Gliedern;
2. Unsere Seele mit allen ihren Fähigkeiten;

3. Unsere gegenwärtigen und zukünftigen äußeren Güter;
4. Unsere inneren und geistlichen Güter, das heißt: unsere Verdienste, Tugenden und guten Werke, und zwar die vergangenen, gegenwärtigen und zukünftigen.[14]

Dieser vierte Punkt ist sehr interessant. Nach dem Hl. Ludwig geht durch diesen Aspekt unserer Weihe an Maria unsere Selbsthingabe an sie sogar über das hinaus, was erforderlich ist, wenn Menschen sich Gott durch Ordensgelübde weihen. Eine Ordensschwester gibt zum Beispiel Gott aufgrund der Gelübde von Armut, Keuschheit und Gehorsam nicht das Recht, über die Gnaden all ihrer guten Werke zu verfügen, noch gibt sie ihre Verdienste auf. Erlaube mir, es besser in den Fokus zu rücken, wie radikal die Selbsthingabe dieser Marienweihe wirklich ist.

Erstens, in Bezug auf andere: wenn wir Maria das Recht geben, über die Gnaden unserer guten Werke zu verfügen, dann bedeutet dies, dass wir solche Gnaden nicht unbedingt verschenken können an den für den auch immer wir uns entscheiden. Also zum Beispiel, wenn ich Maria ein solches Angebot mache, kann ich nicht darauf bestehen, dass die Gnaden einer Krankheit, die ich aufopfere, an die Person gehen, für die ich sie gedacht hatte. Zweitens, in Bezug auf uns selbst: wenn wir uns Maria weihen, dann werden wir, wenn wir sterben, nicht vor Gott mit den Vorzügen unserer Gebete und guten Werke bekleidet erscheinen. Tatsächlich werden wir mit leeren Händen vor Gott erscheinen, denn wir haben Maria alle unsere Verdienste gegeben.

Falls die radikale Natur dieser Aufopferung dich beunruhigt hat, mach dir keine Sorgen. Morgen werden wir sehen, warum diese Aufopferung nicht zu fürchten ist und warum sie in der

Tat unglaublich schön ist und es sich wirklich lohnt. Bis dahin können wir über den zweiten Teil von Montforts Formel für die Marienweihe nachdenken, der von dieser innigen Selbsthingabe an Maria spricht:

> In Gegenwart des ganzen himmlischen Hofes erwähle ich dich heute, o Maria, zu meiner Mutter und Herrin. Dir weihe und schenke ich als dein Gut und Eigentum meinen Leib und meine Seele, all meinen äußeren und inneren Besitz, ja selbst den Wert all meiner guten Werke, der vergangenen, gegenwärtigen und zukünftigen. Ganz und voll, ohne jede Ausnahme, sollst du das Recht haben, über mich und all das Meine nach deinem Gutdünken zu verfügen in Zeit und Ewigkeit zur größeren Ehre Gottes.[15]

Heutiges Gebet:

Komm, Heiliger Geist, der Du in Maria lebst.
Hilf mir, dass ich mich selbst ganz Jesus durch
Maria hingebe.

5. TAG
Sollen wir Maria wirklich alles geben? (Teil Eins)

Der zweite Teil von Montforts Weiheformel besagt, dass wir Maria *alles* geben sollten, einschließlich „unserer inneren und geistlichen Güter, die unsere Verdienste und Tugenden sind und unsere guten Werke aus Vergangenheit, Gegenwart und Zukunft." Ist das nicht ein bisschen zu viel? Nein. Es ist perfekt. Es ist wunderbar. Mal sehen, warum, indem wir lernen, wie sich die Aufopferung auf andere und uns selbst auswirkt.

In Bezug auf andere verlieren wir, wenn wir uns voll und ganz Maria weihen, das bedingungslose Recht, den Wert unserer Gebete und guten Werke an andere zu verteilen. Mit anderen Worten, wir geben die Rechte an den Gnaden (Verdiensten) unserer Gebete an Maria. Wir sagen: „Maria, ich gebe dir das Recht, die Gnaden meiner Gebete so zu verteilen, wie du es für richtig hältst."

Ein solches Geschenk an Maria zu machen, hat einen großen Vorteil. Sie stellt sicher, dass die Gnaden unserer Gebete auf die bestmögliche Weise genutzt werden. Es funktioniert so: Aufgrund ihres einzigartigen Blickwinkels vom Himmel und wegen ihrer innigsten Gemeinschaft mit ihrem göttlichen Sohn kann Maria am besten bestimmen, welche Menschen unsere Gebete am dringendsten brauchen. Wenn Maria zum Beispiel einen vergessenen Menschen in China sieht, der in Verzweiflung sterben wird, kann sie die Gnaden unserer Gebete (und aufgeopferten Leiden) annehmen und sie nutzen, um diesem sterbenden Menschen zu helfen, auf Gott zu vertrauen und Seine Barmherzigkeit anzunehmen.

Nun, vielleicht hat diese Idee einige von uns denken lassen:

> Ja, das ist großartig. Ich bin glücklich, dem Sterbenden in China zu helfen, den ich nicht kenne, aber ich wäre enttäuscht, wenn ich daher die Gnaden meiner Gebete und guten Werke nicht nutzen könnte, um den Menschen zu helfen, die ich kenne, wie meine Familie und Freunde. Ich mache mir Sorgen, dass ich dadurch das Recht verliere, für diejenigen zu beten, die ich besonders liebe, wenn ich Maria das Recht gebe, die Gnaden meiner Gebete und guten Werke zu verteilen, auch wenn sie weniger in Not sind als andere Menschen auf der Welt.

Dies ist eine berechtigte Sorge, aber es gibt keinen Grund zur Besorgnis. Warum? Aus zwei Gründen: Erstens macht Maria die guten Dinge, die wir ihr geben, vollkommener. Mit anderen Worten, sie erweitert, erhöht und reinigt die geistlichen Gaben und Verdienste, die wir ihr geben. Wenn wir sie ihr geben, weil sie sie vollkommener macht, gibt es mehr Gnade und Verdienste weiterzugeben. Der Hl. Ludwig verwendet eine unvergessliche Analogie, um dieses zu erklären:

> Es ist etwa so, als wenn ein Bauer, der die Freundschaft und das Wohlwollen eines Königs gewinnen will, zur Königin ginge und ihr einen Apfel brächte, der all sein Gut darstellt, damit sie ihn dem König übergäbe. Die Königin nimmt das armselige kleine Geschenk des Bauern an, legt diesen Apfel auf einen großen, schönen Goldteller und bringt ihn so im Namen des Bauern dem König. Der Apfel, der an und für sich kein geeignetes Geschenk für einen König wäre, wird durch den goldenen Teller, auf dem er liegt, und durch die Person der Überbringerin zu einer würdigen Gabe für Seine Majestät.[16]

Hier ist der zweite Grund, warum wir uns keine Sorgen machen sollten: Maria wird nie an Großherzigkeit übertroffen. Wenn wir also so großherzig sind, dass wir ihr das Recht geben, die Gnaden unserer Gebete und guten Werke zu verteilen, wird sie unseren Lieben gegenüber sicherlich besonders großherzig sein. In der Tat wird sie sich noch besser um unsere Lieben kümmern, als wir es selbst können. Nehmen wir zum Beispiel an, eines unserer Familienmitglieder oder Freunde braucht Gebet und wir wissen es nicht. Aber Maria weiß es und sie wird dafür sorgen, dass diese Person nicht leer ausgeht. Maria das Recht zu geben, die Gnaden unserer Gebete und guten Werke zu verteilen, bedeutet nicht, dass wir nicht immer noch für unsere Lieben beten können. Wir können und sollten für sie beten. Es ist nur so, dass wir Maria das letzte Wort bei der Entscheidung geben, für wen und zu welchem Zweck die Gnaden unserer Gebete und guten Werke angewendet werden sollen.

Denk daran, Maria wird an Großherzigkeit nicht übertroffen. Sie hört vor allem die Gebete derer, die ihr alles gegeben haben – einschließlich des Wertes all unserer guten Werke – und sie möchte, dass wir ihr von den Menschen und Absichten erzählen, die wir in unseren Herzen haben. Wenn wir ihr alles gegeben haben, gibt es dann einen Zweifel daran, dass sie großherzig sein wird, indem sie denen, die uns lieb sind alles Gute geben wird, das wir erbitten?[17]

Heutiges Gebet:

Komm, Heiliger Geist, der Du in Maria lebst.
Hilf mir, großherzig darin zu sein, alles was ich bin
und habe Maria zu geben.

6. TAG
Sollen wir Maria wirklich alles geben? (Teil Zwei)

Okay, also gestern haben wir untersucht, wie wir, wenn wir uns Maria voll und ganz weihen, das Recht aufgeben, die Gnaden unserer Gebete und Verdienste an andere zu verteilen. Aber wir haben gesehen, dass im Endeffekt alles besser klappt. Nun, heute schauen wir auf uns selbst. Ist es nicht verrückt, Maria den ganzen Wert unserer guten Taten und Gebete zu geben und so mit leeren Händen vor Gott zu erscheinen? Nein, es ist nicht verrückt. Denke daran, Maria wird in Großherzigkeit nicht übertroffen. Wenn wir ihr alle unsere Verdienste geben, wird sie uns alle ihre geben. Und das ist eine große Sache.

Ich las einmal eine Geschichte über einer Heiligen auf Erden, die eine Vision vom Himmel hatte. In ihrer Vision sah sie die Heiligen im Himmel und ihre verschiedenen Grade der Herrlichkeit. Bei einigen Heiligen war sie erstaunt, weil sie so hoch in Herrlichkeit auferstanden waren, dass sie Gott mit den Seraphim, dem höchsten Chor der Engel, anbeteten. Ein anderes Mal las ich eine Passage im Tagebuch der Hl. Faustyna, in der Faustyna eine ähnliche Vision vom Himmel hatte. Sie erzählte, dass wir, wenn wir die Unterschiede zwischen den Graden der Herrlichkeit im Himmel sehen würden, bereitwillig alles auf Erden erleiden würden, nur um einen Grad höher zu kommen.[18] Nachdem ich diese Zeugnisse gelesen habe, sage ich mir: „Ich möchte nicht nur in den Himmel kommen, sondern ich möchte den höchsten Grad an Herrlichkeit im Himmel erreichen, den ich nur kann." Es gibt eine einfache Möglichkeit für uns, dies zu tun: Wir geben alles Maria. Wir verlassen uns nicht auf unsere eigenen Verdienste, sondern auf ihre. Der Hl. Ludwig erklärt:

> Die allerseligste Jungfrau ist eine Mutter der Milde und Barmherzigkeit; niemals lässt sie sich an Freigebigkeit übertreffen. Sieht Maria daher, dass jemand sich ganz ihrer Ehre und ihrem Dienste weiht, … dann schenkt auch sie sich auf ganz unaussprechliche Weise dem, der ihr alles gibt. Sie lässt ihn versinken im Abgrund ihrer Gnaden; sie schmückt ihn mit ihren Verdiensten. Mit ihrer Macht stützt sie ihn und erleuchtet ihn mit ihrem Licht. Sie teilt

> ihm ihre Tugenden mit: ihre Demut, ihren Glauben, ihre Reinheit. ... Da also die Seele ganz Maria gehört, gehört Maria auch ganz ihr.[19]

Nun, trotz dieser trostvollen Worte, könnte man immer noch beunruhigt sein und sagen: „Das ist großartig! Ich bin dafür, dass ich ein hohes Maß an Herrlichkeit im Himmel habe. Aber was mir Sorgen bereitet, ist das Fegefeuer. Ich fürchte, wenn ich all meine Verdienste verschenke, auch an Maria, dann muss ich sehr lange im Fegefeuer leiden." Der Hl. Ludwig antwortet:

> Dieser Einwand entstammt der Eigenliebe und der Unkenntnis von Gottes und Mariens Freigebigkeit und widerlegt sich selbst. Sollte eine glühende und großherzige Seele, die Gottes Sache höher stellt als ihre eigene, die Gott rückhaltlos alles schenkt, was sie hat, die gar nicht mehr tun könnte und ganz aufgeht in der Verherrlichung Jesu und in der Sorge für das Kommen seines Reiches durch Maria, die sich dafür ganz hinopfert – ich frage, sollte eine so hochherzige und freigebige Seele etwa in der anderen Welt bestraft werden, weil sie freigebiger und selbstloser war als die anderen? Nie und nimmer! Wir werden noch sehen, wie freigebig sich der Heiland und Seine heiligste Mutter gerade gegenüber solchen Seelen zeigen in dieser Welt und in der anderen, in der Ordnung der Natur, der Gnade und der Glorie.[20]

Okay, das wäre geregelt – und wir bekommen obendrein eine sanfte Rüge. Der Hl. Ludwig wiederholt den wichtigen Punkt: Maria wird in Großherzigkeit nicht übertroffen! Wenn wir besonders großherzig mit ihr sind, dann wird sie besonders großherzig mit uns sein. Und er setzt noch einen weiteren guten Punkt hinzu: die sanfte Rüge. Er sagt, dass diese Art von Bedenken aus Selbstliebe kommen. Also, ja, wir sollten hoch hinauf streben. Ja, wir sollten heiligen Ehrgeiz haben und die höchste Stufe der Heiligkeit erreichen wollen. Aber unser Motiv sollte nicht Eigenliebe sein; vielmehr sollte es sein, dass wir Gott gefallen und Ihm große Ehre erweisen wollen. Wir sollten diesen wichtigen Punkt im Hinterkopf behalten, wenn wir morgen von einigen der großartigen Vorteile lesen, die es bringt, Maria geweiht zu sein.

Heutiges Gebet:

Komm, Heiliger Geist, der Du in Maria lebst.
Hilf mir, Gott Ehre zu erweisen, indem ich Maria alles gebe, was ich habe.

7. TAG
Ein kurzer, leichter und sicherer Weg zur Heiligkeit

In den letzten zwei Tagen haben wir von einigen schönen Vorteilen erfahren, die wir haben, wenn wir Jesus durch Maria geweiht sind. Vorteile für uns selbst und für jene, die uns nahestehen. Heute, an diesem letzten Tag der Meditation über die Lehre des Hl. Ludwig, werden wir uns auf andere Vorteile der Marienweihe konzentrieren. Insbesondere werden wir lernen, wie die Marienweihe ein kurzer, leichter und sicherer Weg zur Heiligkeit ist. Wenn wir darüber lesen, sollten wir bedenken, dass das Geschenk dieser Vorteile uns nicht berechtigt, uns einfach zurück zu lehnen und es auf die leichte Schulter zu nehmen. (Dies wäre die Selbstliebe, die der Hl. Ludwig bei der gestrigen Lesung zurückwies.) Wenn wir vielmehr Gottes Großherzigkeit darin sehen, uns ein so großes Geschenk wie die Marienweihe zu machen, sollten wir uns umso eifriger bemühen, sie zu leben und in der Heiligkeit zu wachsen.

Beginnen wir mit dem kurzen und leichten Teil: Der Weg der Weihe an Jesus durch Maria ist ein kurzer und leichter Weg zur Heiligkeit. Und was ist Heiligkeit? Sich selbst Sterben. Und das ist definitiv nicht leicht. Dennoch ist die Marienweihe ein relativ kurzer und leichter Weg auf einem Pfad, der naturgemäß nicht leicht ist und oft lange dauert. Der Hl. Ludwig stellt diesen Weg wie folgt vor:

> Wie es Geheimnisse der Natur gibt, um gewisse Arbeiten schnell, billig und leicht auszuführen, so gibt es auch Geheimnisse in der Ordnung der Gnade, wie man in kurzer Zeit, sanft und leicht übernatürliche Handlungen vollzieht, wie man leer wird von sich selbst und erfüllt wird von Gott, und wie man zur Vollkommenheit gelangt.[21]

Wie folgen wir also diesem kurzen und leichten Weg? Indem wir uns Jesus durch Maria hingeben. Maria führt uns zu Jesus und macht den Weg zur Heiligkeit kurz und leicht, auch wenn sie unsere Kreuze nicht wegnimmt. In der Tat haben diejenigen, die von Maria besonders geliebt werden, oft mehr Kreuze als andere, aber Maria macht die Kreuze süß und leicht:

> [E]s ist richtig, dass die treuesten Diener der Gottesmutter, die ja auch ihre Lieblinge sind, von ihr größere Himmelsgnaden und -gaben empfangen, denn das sind die Kreuze. Ich behaupte aber auch, dass die Diener Mariens dafür ihre Kreuze mit größerer Leichtigkeit, mit mehr Verdienst

> und Ehre tragen. Was einen anderen tausendmal zum Stillstand oder gar zu Fall brächte, das hält sie kein bisschen auf, sondern bringt sie nur noch schneller vorwärts; denn diese gute Mutter, die ganz voll der Gnaden und der Salbung des Heiligen Geistes ist, versüßt alle die Kreuze, die sie ihnen zumisst, mit der Süßigkeit ihrer mütterlichen Milde und mit der Salbung der reinen Liebe; so schlucken sie die Bitterkeiten freudig wie verzuckerte Nüsse.[22]
> In einer kurzen Zeit, in der man Maria untertan und von ihr abhängig ist, kommt man weiter, als wenn man sich jahrelang auf sich selbst und den eigenen Willen stützt.[23]
> Wenn du diese Übung mit großer Treue hältst, dann verherrlichst du Jesus Christus in einem Monat mehr als durch eine andere, selbst schwere, in vielen Jahren.[24]
> Sie haben eine solche Leichtigkeit, das Joch Jesu Christi zu tragen, dass sie nichts von seinem Gewicht spüren.[25]

Der Weg der Marienweihe ist also wirklich, relativ gesehen, kurz und leicht. Wie der Hl. Ludwig andernorts sagt, ist er wie der Unterschied zwischen einem Bildhauer, der eine Statue durch lange Wochen harter Arbeit, mit einem Meißel behauend, herstellt und einem anderen Künstler, der die gleiche Statue schnell und einfach mit einer Gussform herstellt. Maria ist die Form, die uns am vollkommensten, schnell und leicht zu einem anderen Bildnis Christi formt.[26]

Wir schließen nun diese Überlegungen über die wunderbaren Vorteile der Marienweihe, indem wir den Hl. Ludwig beschreiben lassen, wie dieser Weg auch ein sicherer Weg ist, was bedeutet, dass wir, während wir ihn gehen, besonders vor dem Bösen beschützt und verteidigt werden:

[Maria] birgt ihre Kinder unter ihren schützenden Mantel; …. Sie geleitet und beschirmt sie wie ein Heer in Schlachtbereitschaft. Soll ein Mann, der eine Armee von hunderttausend Soldaten um sich hat, seine Feinde fürchten? Ein treuer Diener Mariens, der von ihrem Schutz … umgeben ist, hat keinen Grund zur Furcht. Diese gütige Mutter … würde jedem ihrer Diener eher Millionenheere von Engeln zu Hilfe senden, als dass sie jemals das Vertrauen ihrer Kinder enttäuschte und auch nur eines von ihnen der Bosheit, der Überzahl und der Macht seiner Feinde preisgäbe.[27]

Heutiges Gebet:

Komm, Heiliger Geist, der Du in Maria lebst.
Hilf mir, Dich für so einen kurzen, leichten und sicheren Weg zur Heiligkeit zu preisen!

Zweite Woche

Der Hl. Maximilian Kolbe

Diese Woche werden wir uns auf das Beispiel und die Worte des Apostels der Marienweihe des 20. Jahrhunderts, den Hl. Maximilian Kolbe, konzentrieren. Kolbe kannte von Montforts Marienlehre gut und sprach begeistert darüber. Als er seinen eigenen Eindruck der vollkommenen Hingabe an Maria formulierte, vertiefte er nicht nur einige von Montforts Einsichten, sondern fügte viele neue Ideen aus seiner eigenen Betrachtung des Geheimnisses Mariens hinzu. Bevor wir uns seiner marianischen Lehre zuwenden, lernen wir zuerst den Mann kennen.

8. TAG
Wer bist du, Hl. Maximilian Kolbe?

„Wer bist du, Hl. Maximilian Kolbe?
Wenn wir dem Heiligen diese Frage in einem Interview stellen würden, könnten wir zumindest anfangs enttäuscht sein. Mit Sanftmut und Demut würde er wahrscheinlich antworten: „Diese Frage ist jetzt nicht so wichtig. Was wirklich wichtig ist, ist dieses: „Wer bist du, *O Unbefleckte Empfängnis*?" Diese Antwort sollte uns nicht enttäuschen, wenn unser Ziel im Interview gewesen wäre, den Hl. Maximilian kennen zu lernen, denn seine Antwort sagt uns tatsächlich viel über ihn aus. Eine große Leidenschaft seines Lebens war es, das Geheimnis Mariens kennenzulernen, zumal sie sich der Hl. Bernadette von Lourdes so offenbarte: „Ich bin die Unbefleckte Empfängnis." Warum nannte sie sich „Die Unbefleckte Empfängnis"? Ist ihr Name nicht Maria? Morgen werden wir anfangen, über dieses faszinierende Geheimnis nachzudenken. Heute lass uns auf das schauen, was Kolbe in unserem hypothetischen Interview nicht beantwortet hatte.

Wer ist der Hl. Maximilian Kolbe? Er ist unter vielen Titeln bekannt: Märtyrer der Nächstenliebe, der Heilige von Auschwitz, Gründer der Militia Immaculatae, Apostel Mariens und Schutzpatron des 20. Jahrhunderts. Aber vor all dem war er nur Raimund, Raimund Kolbe, der 1894 in einer armen, polnischen Bauernfamilie geboren wurde. Und am Anfang hätte man nicht geahnt, dass er irgendwann ein großer Heiliger sein würde. Tatsächlich war seine Mutter eines Tages so frustriert über sein Verhalten, dass sie ihn verärgert anschrie: „Raimund, was wird aus dir werden?!" Das erschütterte den Jungen bis ins Mark. Voller Trauer wandte er sich sofort an die Muttergottes und fragte sie: „Was *wird* aus mir?" Dann ging er in eine Kirche und wiederholte seine Frage. Der zukünftige Heilige erzählte, was als nächstes geschah:

> Und einmal, als ich in der Kirche war und sie noch einmal fragte, ist mir die Muttergottes erschienen. Sie hielt zwei Kronen in den Händen, eine weiße und eine rote. Sie schaute mich lieb an. Sie fragte mich, ob ich sie wolle, die beiden Kronen. Die weiße bedeutete, dass ich rein bleiben würde, die rote, dass ich ein Märtyrer würde.
> Ich habe ihr geantwortet, dass ich sie alle beide annehme. Da hat mich die Muttergottes sanft angeschaut und ist verschwunden." [28]

Die weiße Krone der Reinheit kam zuerst. Raimund nahm sie an, als er als Bruder Maximilian seine Ordensgelübde ablegte, von denen eines die Keuschheit war. Aber seine Reinheit betraf nicht nur den Körper. Denn es gibt eine andere Art von Reinheit: Reinheit der Absichten. Eine Person praktiziert die Reinheit der Absichten, wenn sie ihre Gedanken, Worte und Handlungen nicht auf sich selbst oder ein anderes Geschöpf richtet, sondern auf einen göttlichen Zweck oder eine göttliche Mission und letztlich auf Gott.

Vielleicht verspürte Kolbe wegen seiner natürlichen Tiefe und Leidenschaft einen besonders starken Wunsch, sich einer bestimmten Mission oder einem bestimmten Ziel hinzugeben. Einer seiner Klassenkameraden im Seminar erzählt: „Er hat oft gesagt, dass er sein ganzes Leben einer großartigen Idee weihen möchte.“[29] Kolbes „große Idee“ kristallisierte sich schließlich als das heraus, was er die „Militia Immaculatae“ nannte, die er 1917 mit sechs seiner Seminarkollegen gründete. Die „M.I.“, wie sie sie nannten, war wirklich eine „großartige Idee“, zumindest in ihren Bestrebungen. Ihr Ziel war nichts Geringeres, als die ganze Welt durch Christus, unter der Generalherrschaft der Unbefleckten Jungfrau Maria, zu Gott zu bringen und zwar so schnell wie möglich. Diese Mission durch Gehorsam gegenüber Gottes Willen zu erfüllen, in Einheit mit der Unbefleckten Jungfrau Maria, war Kolbes ganzes Anliegen – seine reine Absicht – und er opferte alles für seine Erfüllung auf, was uns zur roten Krone bringt.

1941, nach Jahrzehnten unglaublich fruchtbarer apostolischer Arbeit in Polen und Japan, wurde Kolbe von der Gestapo verhaftet und ins Konzentrationslager Auschwitz gebracht. Vor seiner Verhaftung hatten seine Franziskanerbrüder ihn aufgefordert, unterzutauchen. Er sagte, er sei dankbar für ihre liebevollen Herzen, könne aber ihrem Rat nicht folgen. Später erklärte er warum: „Ich habe eine Mission – die Immaculata hat eine Mission, die erfüllt werden muss.“[30]
Diese Mission wurde am Vorabend des Festes Mariä Himmelfahrt im Himmel vollendet, als die ungeduldigen Nazis Kolbes Leben mit einer tödlichen Injektion beendeten, nachdem

er sich freiwillig bereit erklärt hatte, an die Stelle eines zum Hungertod verurteilten Gefangenen zu treten. So starb der Hl. Maximilian als Märtyrer der Nächstenliebe und erhielt seine zweite Krone von seiner Immaculata.

Heutiges Gebet:

Komm, Heiliger Geist, der Du in Maria lebst.
Mach mich rein an Leib und Geist und hilf mir,
mir selbst zu sterben.

9. TAG
Wer bist du, O unbefleckte Empfängnis? (Teil Eins)

Als ich gestern von der Verhaftung des Hl. Maximilian durch die Gestapo sprach, habe ich ein bemerkenswertes Detail ausgelassen, das für die heutige Reflexion wichtig sein wird: Zwei Stunden vor seiner Verhaftung hat der zukünftige Heilige die wichtigste theologische Reflexion seines Lebens geschrieben. Es war nichts Geringeres als die Antwort, die ihm so viele Jahre entgangen war, die Antwort auf die Frage, über die er von den frühesten Tagen seines Ordenslebens an immer wieder nachgedacht hatte: *„Wer bist du, O Unbefleckte Empfängnis?“* In der heutigen Reflexion werden wir anfangen, dieses bemerkenswerte Dokument auszupacken, aber bevor wir das tun, lasst uns innehalten und ein stilles Gebet an die Immaculata richten und um die Gnade bitten, Kolbes Weisheit zu empfangen.

Das Dokument beginnt wie folgt:

> UNBEFLECKTE EMPFÄNGNIS. Diese Worte kamen aus dem Munde der Unbefleckten selbst, deshalb müssen sie auf die genaueste und wesentlichste Weise aufzeigen, wer sie ist … Wer bist du, o Unbefleckte Empfängnis?[31]

Gute Frage, aber immer noch keine Antwort. Später weist Kolbe im Dokument auf einen einfachen, aber entscheidenden Punkt hin: Bei den Erscheinungen in Lourdes sagte Maria nicht zur Hl. Bernadette: „Ich wurde unbefleckt empfangen", sondern *„Ich bin die Unbefleckte Empfängnis."* Das schien ein Problem zu sein. Schließlich *wurde* Maria unbefleckt empfangen. Mit anderen Worten, durch eine besondere Gnade Gottes wurde sie im Schoß ihrer Mutter, der Hl. Anna, ohne Makel der Erbsünde durch die bevorzugten Verdienste ihres Sohnes empfangen.[32] Wieso spricht sie also so seltsam? Warum macht sie die Gnade, die sie bei ihrer Empfängnis erhielt, *zu ihrem Namen*? Scheint das nicht fast so, als würde sie sich selbst göttlich machen? Es ist klar, dass Maria nicht Gott ist. Kolbe kämpfte jahrzehntelang mit diesem scheinbaren „Göttlichkeitsproblem" und es führte zu der folgenden Lösung.

Die Unbefleckte Empfängnis ist göttlich. Aber diejenige, von der ich spreche, ist nicht Maria. Es ist der Heilige Geist. Mit anderen Worten, Kolbe glaubte, dass es zwei „Unbefleckte Empfängnisse" gibt: Maria und der Heilige Geist. Maria ist die *geschaffene* Unbefleckte Empfängnis und der Heilige Geist ist die *ungeschaffene* Unbefleckte Empfängnis. Mit anderen Worten, bevor es die *geschaffene* Unbefleckte Empfängnis (Maria) gab, gibt es für alle Ewigkeit die *ungeschaffene* Unbefleckte Empfängnis, das ist derjenige, der für alle Ewigkeit von Gott, dem Vater und Gott dem Sohn als ungeschaffene Empfängnis aus

Liebe „entspringt“ und der also „ungeschaffene, ewige Empfängnis, Urbild aller Empfängnisse neuen Lebens im Universum“ ist.[33] „Der Vater also zeugt, der Sohn ist gezeugt, der Geist ist empfangen, was aus deren Liebe entspringt.“[34]

Nun, der Heilige Geist ist eine „Empfängnis“ im Sinne von Leben und Liebe sein, die aus der Liebe des Vaters und des Sohnes entspringen – in gewisser Weise gibt es analog die Empfängnis von Kindern, die aus der Liebe von Mann und Frau „entspringt“. Der Heilige Geist ist eine „Unbefleckte“ Empfängnis, weil er als Gott ganz offensichtlich ohne Sünde ist. Und schließlich ist der Heilige Geist eine „ewige, ungeschaffene“ Empfängnis, weil er wiederum Gott ist.

Okay, das deckt Kolbes Lehre ab, dass der Heilige Geist die Unbefleckte Empfängnis ist, aber warum nennt sich Maria beim gleichen Namen? Wir werden diese Frage für morgen lassen.

Heutiges Gebet:

Komm, Heiliger Geist, der Du in Maria lebst.
Enthülle für mich die Bedeutung der
Unbefleckten Empfängnis.

10. TAG
Wer bist du, O unbefleckte Empfängnis? (Teil Zwei)

Der Heilige Geist ist also die ungeschaffene Unbefleckte Empfängnis und Maria die geschaffene Unbefleckte Empfängnis. Warum machen wir es uns nicht einfacher und sagen nur, dass der Heilige Geist die Unbefleckte Empfängnis ist und Maria makellos empfangen wurde? Nochmal, das ist alles wegen Lourdes. Schuld ist die Hl. Bernadette!

Im Ernst, wir sollten sowohl der Hl. Bernadette als auch dem Hl. Kolbe überschwänglich danken, denn ihre Treue zur Gnade eröffnet uns nun eine herrliche Wahrheit, die die ganze Theologie der Marienweihe untermauert. Diese Wahrheit hat mit der Vereinigung zwischen dem Hl. Geist und Maria zu tun. Kolbe erklärt dies in einer Passage, die lang und schwierig, aber unglaublich reich ist und tiefe Reflexion verdient:

> Worin besteht nun diese Vereinigung [zwischen dem Heiligen Geist und Maria]? Zunächst ist sie die innere Vereinigung ihres Wesens mit dem Wesen des Heiligen Geistes. Der Heilige Geist wohnt in ihr, lebt in ihr vom ersten Augenblick ihres Daseins an, für immer und in Ewigkeit.
>
> Worin besteht dieses Sein Leben in ihr? Er selbst ist in ihr die Liebe, die Liebe des Vaters und des Sohnes, die Liebe, mit der Gott sich selber liebt, die Liebe der ganzen Allerheiligsten Dreifaltigkeit, fruchtbare Liebe, Empfängnis. In den geschaffenen Abbildern ist die Vereinigung der Liebe die allerengste Vereinigung. Die Hl. Schrift sagt, dass sie zwei in einem Fleisch werden, und der Herr Jesus unterstreicht: „Und so sind sie nicht mehr zwei, sondern ein Leib" (Mt 19,6). Auf eine unvergleichlich engere, innerlichere, wesentlichere Weise lebt der Heilige Geist in der Seele der Unbefleckten, in ihrem Wesen und befruchtet sie vom ersten Augenblick ihrer Empfängnis an während ihrer ganzen Existenz, also ewiglich.
>
> Es ist die Ewige Unbefleckte Empfängnis [also der Heilige Geist] im Schoß ihrer Seele – und ihre Unbefleckte Emp-

fängnis empfängt unbefleckt das göttliche Leben. Und der jungfräuliche Schoß ihres Leibes ist nur Ihm (dem Heiligen Geist) vorbehalten und von Ihm empfängt sie in der Zeit (wie alles Materielle in der Zeit geschieht) auch das göttliche Leben des Gottmenschen.

... Wenn bei den Geschöpfen die Braut den Namen des Bräutigams empfängt, weil sie zu ihm gehört, sich mit ihm vereinigt, sich ihm angleicht und in Vereinigung mit ihm schöpferisches Organ neuen Lebens wird, um wieviel mehr trifft dies für den Namen des Heiligen Geistes zu. Unbefleckte Empfängnis ist der Name derer, in welcher Er lebt in der Liebe, die für die ganze übernatürliche Ordnung fruchtbar ist.[35]

Angesichts dieser bemerkenswerten Passage möchte ich drei Punkte ansprechen. Erstens, denke zunächst noch einmal tief und von Gebet erfüllt darüber nach. Wenn du das tust, denke daran, dass dies die Abschiedsworte eines der größten Marienheiligen aller Zeiten sind, der genau die Frage beantwortet, der er sein Leben und seine Energien gewidmet hat. Zweitens, wenn es scheint, dass Kolbe mit diesem Gerede von Maria und ihrer Vereinigung mit dem Heiligen Geist ein wenig über die Stränge geschlagen hat, mach dir keine Sorgen. Papst Paul VI. hat sich bemüht, den Gläubigen zu versichern, dass Kolbes Lehre bekannt wird.[36] Drittens, wenn man nur einen Punkt aus dieser herausfordernden Stelle herausnimmt, möge es dieser sein: Maria ist die Braut des Heiligen Geistes. Tatsächlich ist ihre Vereinigung mit dem Heiligen Geist noch tiefer als das, was wir unter einer ehelichen Beziehung verstehen. Wir werden diesen Faden morgen aufgreifen.

Heutiges Gebet:

Komm, Heiliger Geist, der Du in Maria lebst.
Enthülle für mich die Bedeutung der
Unbefleckten Empfängnis.

11. TAG
Die Immaculata tut immer vollkommen Gottes Willen

Gestern erfuhren wir von der innigen Verbindung zwischen dem Heiligen Geist und Maria, den ungeschaffenen und geschaffenen Unbefleckten Empfängnissen. Jetzt denken wir vielleicht: „Das ist ja schön, aber was folgt daraus?" Hier ist es, was daraus folgt: Maria tut vollkommen den Willen Gottes – und das ist eine große Sache. Lass uns einen Schritt zurückgehen, indem wir uns das *große* Bild der Realität ansehen.

Nach dem Hl. Thomas von Aquin macht die ganze Schöpfung eine große, kreisförmige Bewegung von Gott und zurück zu Gott, die von Theologen als „Das Wesen des Seins" bezeichnet wird. Thomas schreibt:

> Vom Primärprinzip aus führen die Kreaturen eine Art Kreislauf, eine Kreiselbewegung, so dass alle Dinge, wenn sie zu ihrem richtigen Ende neigen, zum Grundsatz zurückkehren, von dem sie hervorgebracht wurden. … Wir wurden vom Sohn und vom Heiligen Geist erschaffen; und deshalb kehrt die ganze Schöpfung in ihr zu Ihm heim.[37]

Der Hl. Maximilian Kolbe beschreibt als guter Theologe, der er war, dieses große Bild der Struktur der Realität in ähnlicher Weise. Er beginnt mit dem Hinweis auf unsere eigene Erfahrung der Welt:

> Überall auf der Welt sehen wir Taten … An- und Abreise; weggehen und zurückkommen; Trennung und Wiedervereinigung. Die Trennung freut sich immer auf die Vereinigung, was schöpferisch ist. All dies ist einfach ein Bild der Allerheiligsten Dreifaltigkeit in der Handlung der Geschöpfe.[38]

Was Kolbe hier beschreibt, ist wirklich wahr. Es ist die Struktur des Kosmos. Alles ist von Gott hervorgebracht und geht mehr oder weniger vollkommen zu Gott zurück. Diese Bewegung wird manchmal als das große „Kommen und Gehen" bezeichnet. Obwohl Kolbe den Begriff „Trennung" anstelle von „Gehen" verwendet, hat er die gleiche Idee:

> Als erstes erschafft Gott das Universum; das ist so etwas wie eine Trennung. Die Geschöpfe erreichen, indem sie dem von Gott in sie eingepflanzten Naturgesetz folgen, ihre Vollkommenheit, werden wie er und gehen zu ihm zurück. Intelligente Geschöpfe [Menschen] lieben ihn bewusst; durch diese Liebe vereinen sie sich immer enger mit ihm und finden so den Weg zurück zu ihm.[39]

Kolbe glaubt, dass unter allen Geschöpfen im Universum die Immaculata besondere Erwähnung verdient:

> Das Geschöpf, das am vollkommensten von dieser Liebe erfüllt war, die von Gott selbst erfüllt war, war die Imma-

> culata, die nie den geringsten Makel der Sünde erlitten hatte, die nie im Geringsten von Gottes Willen abwich. Sie ist dem Heiligen Geist als Seine Braut verbunden und ist eins mit Gott auf unvergleichlich vollkommenere Weise, als es von einem anderen Geschöpf gesagt werden kann.[40]

Lass uns einen Moment über diese Vision der Realität nachdenken: Erstens, alles geht aus Gott hervor. Denk dabei an die ganze Schöpfung. Gott spricht und es geht aus Ihm hervor. Dann kehren Pflanzen und Tiere zu Gott zurück, indem sie ihre Natur erfüllen, indem sie das sind, für das sie zu sein geschaffen wurden. Sie tun dies ohne nachzudenken oder zu überlegen und mit einer Art Leichtigkeit. Es geschieht durch eine Art instinktiven Autopiloten. Die Menschen dagegen sind anders. Es gibt Zeiten, in denen wir instinktiv handeln, aber wir handeln dennoch anders als die Tiere. Wir handeln aus Vernunft und Willen und wir sind uns bewusst, wie wir es tun, machen uns gegenwärtig, wie wir handeln. Das ist es, was es bedeutet, nach dem Abbild Gottes gemacht zu werden: Wir können Gott erkennen und Ihn lieben. Und während die Tiere Gottes Willen durch Instinkt tun, können wir Seinen Willen frei und bewusst tun.

Das Problem ist, dass wir die Freiheit missbrauchen, die Gott uns gegeben hat. Wir wählen nicht immer Seinen Willen, und so kehren wir nicht zu Ihm zurück, wie wir sollten. Wir sündigen. Und wenn wir schwer sündigen und nicht vollständig umkehren, dann schaffen wir es nicht zurück zu Gott. Das ist eine große Tragödie des menschlichen Lebens. Aber, Gott sei Dank! Denn Er sandte Seinen eingeborenen Sohn und die Kraft Seines Geistes, uns zu retten, um uns zu unserem Vater im Himmel zurückzubringen. Und Gott sei Dank hat Er nach dem Fall der

Menschheit ein Geschöpf gemacht, das ohne Sünde empfangen wurde und das Seinen Willen frei und vollkommen entspricht, denn sie (Maria) ist vollkommen mit dem Heiligen Geist vereint. Sie hilft uns armen Sündern auf dem Weg. Sie hilft uns, die Tragödie der Sünde zu überwinden. Sie führt uns dazu, Gottes Willen zu tun, zu Gott zurückzukehren und Heilige zu werden. Morgen werden wir mehr darüber erfahren.

Heutiges Gebet:

Komm, Heiliger Geist, der Du in Maria lebst.
Erneuere das Antlitz der Erde, damit die ganze
Schöpfung zu Gott zurückkehrt.

12. TAG
Wer seid ihr, O Ihr Heiligen Gottes?

Der Hl. Maximilian gab den neuen Männern in seiner Kongregation, den Novizen, geistliche Konferenzen. Eines Tages lehrte er ihnen eine Lektion, die sie nie vergessen würden: „Wie man heilig wird." Der zukünftige Heilige begann damit, seinen Zuhörern zu sagen, dass Heiligkeit nicht so schwer sei. Es sei das Ergebnis einer einfachen Gleichung, die er auf die Tafel schrieb: „**W + w = H.**" Das große W steht für Gottes Willen. Das kleine w steht für unseren Willen. Wenn die beiden Willen vereint sind, ergeben sie die Heiligkeit.

Diese Lektion war nicht nur für die Anfänger. Kolbe wiederholte sie immer und immer wieder auf unterschiedliche Weise für seine ganze Gemeinschaft. In Polen hatte Kolbe das größte Franziskanerkloster der Welt gegründet, das er *Niepokolanow*

(„Stadt der Unbefleckten") nannte, und er forderte die mehr als 600 Mönche dort immer wieder auf, heilige Ritter für Gott zu werden, unter der Universalherrschaft der Unbefleckten Maria. Denn unter den Geschöpfen tut sie allein vollkommen den Willen Gottes. Wenn also unser Wille mit dem ihren vereint ist, sind sie notwendigerweise mit Gottes Willen vereint. Hier sind nur zwei der unzähligen Beispiele, wie Kolbe den wichtigsten Punkt hervorhebt:

> Lasst uns viel darum beten, dass wir mehr und mehr verstehen, was die Immaculata bei der Verkündigung gesagt hat: „Siehe, ich bin die Magd des Herrn, mir geschehe nach deinem Wort [fiat mihi]." Wie Gott will, so sei es auch. In diesem Gedanken ist alles Glück enthalten, schon hier auf Erden erfüllt sich alle Bestimmung …
>
> Lasst uns unsere selige Mutter darum anflehen, dass sie uns lehren kann, wie unsere Seele eine „Magd" des Herrn sein könnte, wie sie eine war. Gott hat sich nicht direkt der Muttergottes offenbart, sondern durch einen Boten. Auch wir haben göttliche Boten.
>
> … Lasst uns darum beten, dass wir jedem dieser Boten sagen können: Gottes Wille soll geschehen. Und darin ist alles enthalten, was wir auf dieser Erde lernen müssen.[41]

Eins im Willen mit Maria im großen Fiat zu sein, der einzige Mensch, dessen Wille nie von Gottes abwich, besteht darin, vollkommen mit dem Willen Gottes vereint zu sein. Und es ist diese Ausrichtung deines Willens mit Seinem, das das drängendste Unternehmen deines Lebens ist.[42]

Gottes Willen zu tun ist nicht leicht – es sei denn, wir haben die Hilfe der Immaculata: „Durch die Immaculata können wir große Heilige werden, und darüber hinaus auf einfache Weise."[43] Ein Heiliger zu werden war Kolbes Ziel Nummer Eins. Buchstäblich. In seinen Exerzitiennotitzen vor seiner Priesterweihe machte er eine Liste seiner geistlichen Ziele. Das erste Ziel lautet: „Ich möchte ein Heiliger und ein großer Heiliger sein."[44] Er wusste, dass die Immaculata ihm helfen und den Weg zur großen Heiligkeit zu einem leichten machen würde.

Wie macht Maria die Heiligkeit leicht? Wir haben in der vergangenen Woche viele Gründe dafür gelesen, während unserer abschließenden Reflexion über die Lehre vom Hl. Ludwig von Montfort. Aber Kolbe betonte einen anderen Grund, warum Maria die Heiligkeit leicht macht. Es hat damit zu tun, dass sie die Mittlerin aller Gnaden ist. Eine Idee, die er in seiner Formel für die Marienweihe ausdrückt: „Gott hat den Willen, [Maria] die ganze Ordnung der Barmherzigkeit anzuvertrauen."[45] Es ist Gottes Wille, dass sie Seine Gnaden verteilt. Warum? Weil es Gottes Wille ist, sich mit Maria durch Seinen Heiligen Geist zu vereinen: „Der Heilige Geist handelt nicht, außer durch die Immaculata, Seiner Braut. Sie ist also die Mittlerin aller Gnaden des Heiligen Geistes."[46] Und daher ist es „leicht", heilig zu werden, wenn wir nahe bei ihr bleiben und um Gnaden von ihr bitten, deren Aufgabe es ist, sie für Gott zu verteilen.

Wir können eine bessere Vorstellung von Maria als Mittlerin aller Gnaden bekommen, wenn wir ihr Bild auf der Wundertätigen Medaille betrachten, die uns durch ihre Erscheinungen der Hl. Katharina Labouré gegeben wurde. Kolbe war tief bewegt von diesem Bild, weil es Maria zeigt, die auf einer

Erdkugel steht, mit Lichtstrahlen (Gnaden), die von den Ringen an ihren Fingern strömen. In einer der Erscheinungen bemerkte Katharina, dass nicht aus allen Ringen Marias Strahlen strömten. Maria erklärte, dass die Strahlen und Gnaden verfügbar waren, aber nicht flossen, weil niemand nach ihnen fragte. Kolbes Weg besteht nicht nur darin, um diese Gnaden zu bitten, sondern Maria zu erlauben, uns vollständig in ihre Hände zu nehmen, um uns zu Kanälen eben dieser Gnaden für die ganze Welt zu machen. Wir werden morgen mehr über diesen Weg erfahren.

Heutiges Gebet:

Komm, Heiliger Geist, der Du in Maria lebst.
Vereinige meinen Willen mit dem Willen der Immaculata, welcher eins mit Deinem Willen ist.

13. TAG
Ein Werkzeug sein – vielmehr, Werkzeuge sein

Ich wiederhole, der Hl. Maximilian wollte nicht nur um Gnaden von der Immaculata bitten. Er wollte die Gnaden der Immaculata *sein*. Er wollte nicht nur den Willen der Immaculata tun. Er wollte der Wille der Immaculata *sein*. Warte mal, der Wille und die Gnaden der Immaculata *sein*? Ist das nicht ein bisschen zu viel? Nicht nach Kolbes Argumentation. Er dachte: „Nun, wenn die Menschen sich Satan hingeben können, um von ihm besessen und seine Werkzeuge des Bösen zu sein, warum können sich die Menschen dann nicht Gott hingeben, um von Ihm besessen und Seine Werkzeuge der Liebe zu sein? Er argumentierte ferner, dass die Immaculata mehr als jeder andere vom Heiligen Geist „besessen" ist,[47] warum also nicht darum bitten, von ihr „besessen" zu werden, um vollkommen mit Gottes Willen vereint zu sein? Mit anderen Worten, es reichte ihm nicht, nur Marias „Sklave" zu sein, wie es der Hl. Ludwig von Montfort oft ausdrückte. Er wollte etwas Tieferes. Er wollte ein *Werkzeug* in den Händen der Immaculata sein.

Ein Werkzeug in den Händen der Immaculata zu sein. Das ist die zentrale Idee von Kolbes ganzer Vision der Marienweihe. So schreibt er es direkt in sein Weihegebet: „Mach, dass ich in deinen unbefleckten und erbarmungsvollen Händen ein Werkzeug sei, das dir dient …" Zu welchem Zweck? Für die Bekehrung der *ganzen* Welt.

Komm schon. Kolbe lässt sich ein bisschen mitreißen, oder? Ich meine, was kann ein Mann tun? Aber dieses führt uns zu seinem Hauptpunkt, seiner Masterstrategie. Seine eigene Teilnahme war nicht der einzige Teil seines Masterplans. Er wollte tatsächlich eine ganze Armee von kämpfenden Rittern und Soldaten errichten, die sich in die gnadengefüllten Hände der Immaculata als Werkzeuge begeben. Er wollte eine „Militia Immaculatae" aufbauen, die er wie folgt beschreibt:

> Die Ritter der Immaculata versuchen, immer aufrichtiger zum Eigentum der Immaculata zu werden, ihr auf immer vollkommenere Weise und unter allen Aspekten ausnahmslos zu gehören. Sie wollen ihr Verständnis dahin entwickeln, zu entdecken, was es bedeutet, ihr zu gehören, damit sie die Seelen, die in ihrer eigenen Umgebung leben, erleuchten, beleben und in Brand setzen und sie sich selbst ähnlich machen. Sie wollen diese Seelen für die Immacula-

> ta erobern, damit sie ihrerseits vorbehaltlos zu ihr gehören und ihr auf diese Weise eine immer größere Zahl von Seelen gewinnen können – sie können tatsächlich die ganze Welt gewinnen und dies in kürzester Zeit.[48]

Was für ein Genie! Beachte die brillante Logik, die Kolbes ganze Strategie untermauert: Wenn wir Gott wirklich lieben, wenn wir uns wirklich danach sehnen, für Sein Reich zu arbeiten, dann sollten wir den kürzesten und leichtesten Weg finden, Heilige zu werden und damit zu Ihm zurückzukehren. Nun, der kürzeste und leichteste Weg, dies zu tun – wie wir von Montfort gelernt haben – ist durch die Marienweihe.

Doch Kolbe geht noch weiter: Er hat nicht nur bei sich selbst aufgehört. Er behielt das große Geheimnis, wie man heilig wird, nicht für sich. Schau darauf auf diese Weise: Was ist besser, ein oder zwei Heilige? Tausend Heilige oder eine Million? Denke daran, was eine Million Heilige, die Maria vollkommen geweiht sind, tun können. Stell dir vor, Maria hätte eine Million Werkzeuge, durch die sie den vollkommenen Willen Gottes erfüllen könnte. Es ist ein erstaunlicher Gedanke. Also ruft Kolbe aus: „Lehre andere diesen Weg! Erobere mehr Seelen für die Immaculata!“ Wenn dieses der kürzeste und leichteste Weg ist, ein Heiliger zu werden, dann ist es auch der kürzeste und leichteste Weg, die ganze Welt für Christus zu erobern, wenn wir nur andere darüber unterrichten. Also sagt Kolbe: „Ja, fangen wir damit an, diese Weihe selbst zu leben und dann andere dort hinzubringen.

Okay, das Wichtigste zuerst. Wir müssen lernen, diese Weihe an die Immaculata zu leben. Wir müssen ihr „immer vollkommener gehören.“ Wie machen wir das? Ganz einfach. Wir lernen, die Immaculata zu lieben. Wie? *Indem du dich auf ihre kraftvolle Fürsprache verlässt, ihre zärtliche Fürsorge erlebst, von Herzen zu ihr sprichst, dich von ihr leiten lässt, in allen Dingen auf sie zurückgreifst und ihr voll und ganz vertraust.* Ja, wir sollten der Immaculata besonders vertrauen und in ihr glücklich sein. Wir sollten dem Beispiel Kolbes folgen, wie uns einer seiner Ordensbrüder erklärt:

> Wenn Dinge … gut liefen, freute er sich von ganzem Herzen mit jedem und dankte der Immaculata inbrünstig für die Gnaden, die er durch ihre Fürsprache empfangen hatte. Wenn es schlecht lief, war er immer noch glücklich und pflegte zu sagen: „Warum sollten wir traurig sein? Weiß nicht die Immaculata, unsere kleine Mutter alles, was vor sich geht?"[49]

Morgen erfahren wir mehr über Kolbes Form der Weihe an „unsere kleine Mutter". Lass uns heute damit enden, über seine Worte nachzudenken: „Meine lieben, lieben Brüder, unsere liebe kleine, kleine Mutter, die unbefleckte Maria, kann alles für uns tun. Wir sind ihre Kinder. Wendet euch an sie. Sie wird alles überwinden."[50]

Heutiges Gebet:

Komm, Heiliger Geist, der Du in Maria lebst.
Bereite mich darauf vor, ein passendes Werkzeug in den Händen der Immaculata zu sein.

14. TAG
Kolbes Weihegebet

Zum Abschluss der Überlegungen dieser Woche über die Lehren des Hl. Maximilian über die Marienweihe wird es für uns gut sein, sein eigentliches Weihegebet kennenzulernen. Wir werden es nun in seinen drei Teilen betrachten: (1) eine Anrufung, (2) eine Bitte an Maria, dass sie uns als ihr Eigentum annehmen möge, (3) eine Bitte an Maria, dass sie uns benutzen möge, um andere Seelen für sich zu gewinnen.

Das Gebet beginnt mit einer Anrufung:

> O Immaculata, Königin des Himmels und der Erde, Zuflucht der Sünder und unsere Mutter, die uns so sehr liebt und welcher Gott die ganze Ordnung der Barmherzigkeit anvertraut hat![51]

Hier haben wir Kolbes Lieblingstitel für Maria, die „Immaculata". Wie wir aus ihrer Erscheinung in Lourdes lernen, ist dieses ihre Identität. Für Kolbe ist dies ihre wichtigste Identität, denn sie unterstreicht ihre innige Vereinigung mit dem Heiligen Geist. Diese Anrufung bringt auch einen anderen Teil von Marias Identität mit sich: Mutterschaft. Maria ist die demütigste, sanfteste, zärtlichste und liebevollste Mutter. Schließlich wird hier ein weiterer von Kolbes Lieblingstiteln angedeutet, nämlich Mittlerin aller Gnaden. Denn für Maria „hat Gott gewollt, ihr die ganze Ordnung der Barmherzigkeit anzuvertrauen."

Der zweite Teil des Weihegebetes bringt eine Bitte zum Ausdruck, dass Maria uns als ihr Eigentum annehmen möge:

> Ich, N.N., unwürdiger Sünder, werfe mich zu deinen Füßen nieder und flehe dich aus tiefstem Herzen an: würdige dich, mich ganz und gar (im Englischen: was ich bin und habe) als dein Gut und dein Eigentum anzunehmen. Was dir gefällt, mache mit mir, mit allen Fähigkeiten meiner Seele und meines Leibes, mit meinem ganzen Leben, mit meinem Tod und meiner Ewigkeit.[52]

Erinnere dich daran, dass von Montfort in seiner Weiheformel erweitert und ausgearbeitet hat, *was er Maria alles gibt*: Leib, Seele, Güter, Verdienste usw. Kolbe meint dasselbe wie von Montfort, aber er vereinfacht es, indem er seine Selbsthingabe an Maria mit einer prägnanten Aussage ausdrückt: „[Nimm] mich ganz und gar." Auf der anderen Seite, wo von Montfort den Zweck seiner Weihe mit der einfachen, zusammenfassenden Aussage „zur größeren Ehre Gottes" beschreibt, ist es Kolbe, der es ausdehnt und ausarbeitet. So beschreibt Kolbe im dritten Teil seines Weihegebetes den Zweck seiner Hingabe nicht nur als „die größere Ehre Gottes", sondern als folgendes:

> Bestimme ganz über mich, so wie du es willst, auf dass sich erfülle, was von dir gesagt ist: «Sie wird der Schlange das Haupt zertreten» – und ebenso: «Du allein hast alle Häresien auf der ganzen Welt besiegt». Mach, dass ich in deinen unbefleckten und erbarmungsvollen Händen ein Werkzeug sei, das dir dient, um so viel als möglich deine Ehre zu vermehren in so vielen abgefallenen und lauen Seelen. So wird sich immer mehr das milde Königtum des Heiligsten Herzens Jesu verbreiten. Denn wo du eintrittst, da erflehst du die Gnade der Bekehrung und der Heiligung, denn vom Heiligsten Herzen Jesu gelangen zu uns alle Gnaden nur durch deine Hände.[53]

Die Kühnheit des ersten Satzes kann leicht übersehen werden, aber wenn wir ihn vollständig verstehen, kann seine Kühnheit verblüffend sein. Kolbe bittet Maria, ihn zu benutzen, um die Herrschaft Satans vollständig zu vernichten! Vielleicht zieht er diesen unglaublichen Ehrgeiz (ein wenig) zurück, wenn er sagt, dass er will, dass sie ihn nutzt, um „das milde Königtum des Heiligsten Herzens Jesu“ zu verbreiten. Dennoch ist seine Kühnheit unglaublich. Er möchte, dass Maria ihn als ihr Werkzeug benutzt, *so weit wie möglich*, um Satan zu vernichten und das Reich Gottes, das Reich der Liebe des Herzens Jesu, zu verbreiten.

Es ist interessant, dass Kolbe das Innewohnen im Herzen Jesu zweimal erwähnt. Das ist keine vorübergehende Phantasie. Es taucht z. B. wieder auf, wenn er das Motto seiner Armee der Ritter der Unbefleckten, der Militia Immaculatae nennt: „Alle Menschen und jeden Einzelnen durch Maria zum Herzen Jesu bringen.“[54] Wir werden mehr über das Herz Jesu als vollkommenes Ziel unseres geistlichen Lebens erfahren, wenn wir nächste über Woche die Hl. Mutter Teresa und ihre Lehren nachdenken.

Heutiges Gebet:

Komm, Heiliger Geist, der Du in Maria lebst.
Bereite mich darauf vor, der Immaculata um des Königreiches willen, alles zu geben.

Dritte Woche

Die Hl. Mutter Teresa

Diese Woche werden wir uns auf das Beispiel und die Worte einer dritten großen Lehrerin der Marienweihe konzentrieren: die Hl. Mutter Teresa von Kalkutta. Sie ist bemerkenswert für die Art und Weise, wie sie die Marienweihe in den Kontext stellt. Mit anderen Worten, während von Montfort und Kolbe uns die wichtigsten Details der Marienweihe geben, hilft uns Mutter Teresa, sie vollständiger im großen Bild einer sehr innigen Beziehung zu Christus zu sehen. Obwohl wir nicht sofort mit den Überlegungen über die Hingabe an Maria beginnen werden, werden wir noch früh genug dorthin kommen.

15. TAG
Liebhaberin des Herzens Jesu

Wer ist die Hl. Mutter Teresa von Kalkutta? Sie ist leicht zu verstehen. Alles, was wir wirklich wissen müssen, sind zwei Worte: „Mich dürstet." Diese Worte des Herzens Jesu, die aus Seiner Agonie am Kreuz gesprochen wurden, waren Mutter Teresas ganzes Anliegen, ihr Alles – und dasselbe könnte man von der Muttergottes sagen. Der tiefste Wunsch der Herzen, sowohl von Mutter Teresa als auch von der Muttergottes ist es, den Durst des Herzens Jesu nach Liebe und Seelen zu stillen. In diesem Sinne ist Mutter Teresas Leben eine Offenbarung des Herzens Mariens und stellt einen der reichsten Ausdrucksformen der Marienweihe dar. Wir werden über die Details dieser Offenbarung und dieses Beispiels in vielen der folgenden Tage nachdenken, aber lass uns zuerst einen Überblick über ihr Leben als Ganzes betrachten.

Mutter Teresas Heimatpfarrei in ihrer Heimat Mazedonien hieß passenderweise „Heiligstes Herz". Passenderweise, denn wie sie selbst sagte: „Von Kindheit an, war das Herz Jesu meine erste [große] Liebe."[55] Diese Liebe mag begonnen haben, als sie im Alter von fünf Jahren zum ersten Mal das eucharistische Herz Jesu empfing. Bei dieser Gelegenheit erlebte sie den brennenden Durst des Herrn nach Seelen. Im Laufe der Jahre wuchs dieser Durst und erblühte im Alter von zwölf Jahren zu der Überzeugung, dass Gott sie als Missionarin beriefe. Als sie 18 Jahre alt war, trat sie dem Institut der Schwestern der Seligen Jungfrau Maria (den Loreto-Schwestern) bei und bewarb sich für ihre Missionen nach Bengalen, Indien, wohin sie im nächsten Jahr geschickt wurde. Nach einem Jahr im Noviziat wurde Teresa der Loreto-Gemeinschaft in Kalkutta zugeteilt und dazu ernannt, um an der St. Mary's Bengali Medium School für Mädchen zu unterrichten. Die neue Schwester hat hier mehr als anderthalb Jahrzehnte gedient.

Mutter Teresas Jahre in St. Mary waren glückliche Jahre. Sie war eine fröhliche, großherzige, fleißige Schwester. Tatsächlich war sie so großherzig mit dem Herrn, dass sie mit der Erlaubnis ihres Geistlichen Begleiters ein außergewöhnliches Gelübde ablegte: Jesus nichts zu verweigern. Fünf Jahre später testete Jesus dieses Gelübde auf große Weise. Am 10. September 1946 erlebte die 36-jährige Schwester im Zug zu ihren jährlichen Exerzitien, was sie als „Berufung in der Berufung" bezeichnete. Die Details dieses Rufes wurden in den folgenden Wochen und Monaten durch eine Flut mystischer Erfahrungen, die Visionen beinhalteten, deutlicher. Im Mittelpunkt dieses Rufes *stand der brennende Durst Jesu nach Liebe und Seelen* und ein Appell an Teresa, die Ordensgemeinschaft der Missionare der Nächstenliebe zu gründen. Bezüglich des

Letzteren: als ob Er sie an das Gelübde erinnern wollte, das sie gemacht hatte, wiederholte Jesus immer wieder: „Willst du mich zurückweisen?“[56]

Mutter Teresa verweigerte sich dem Herrn nicht. Nach ihren Exerzitien sprach sie mit ihrem Geistlichen Begleiter und kontaktierte mit seiner Erlaubnis den Bischof. Als der Bischof zögerte, ihre Pläne zu billigen, schrieb sie ihm: „Zögern Sie nicht, Eure Exzellenz, schieben Sie es nicht auf … und lassen Sie uns gemeinsam das fortwährende Leiden aus dem Herzen Jesu entfernen.“[57] Im selben Brief wiederholt sie diese Idee: „Lassen Sie uns dem Herz Jesu Freude bringen, und von Seinem Herzen diese furchtbaren Leiden entfernen.“[58] Schließlich gab der Bischof seine Zustimmung, und Mutter gründete die Missionare der Nächstenliebe, deren allgemeinen Zweck: „Das Dürsten Jesu am Kreuz nach Liebe und nach Seelen zu stillen“[59] darstellt.

Mit dem Beginn der neuen Kongregation begann Mutter Teresa eine „solche Dunkelheit“ in ihrer Seele zu erleben, „als ob alles tot wäre.“[60] Manchmal schien es unerträglich und sie fand sich oft am Rande der Verzweiflung wieder. 1961 erhielt sie ein Licht in dieser Dunkelheit. Nach einem Gespräch mit einem heiligenmäßigen Priester erkannte sie, dass ihre schmerzliche Sehnsucht tatsächlich ein Teil des Durstes Jesu war: „Zum ersten Mal in diesen elf Jahren bin ich dazu gekommen, die Dunkelheit zu lieben – denn ich glaube jetzt, dass sie ein Teil ist, ein sehr, sehr kleiner Teil der Dunkelheit und des Schmerzes Jesu auf Erden.“[61] Teresas Erfahrung der Dunkelheit und schmerzhaften Sehnsucht setzte sich bis ans Ende ihres Lebens fort. Sie fand die Kraft durchzuhalten, weil sie, wie ihr Geistlicher Begleiter es ausdrückte, erkannte, dass die Dunkelheit tatsächlich das „geheimnisvolle Band“ war, das sie mit dem Herzen Jesu vereinigte.[62]

Was ist mit uns? Erkennen wir jetzt das geheimnisvolle Band zwischen der Dunkelheit, die wir manchmal in unserem eigenen Leben erfahren und der des Leidens des Herrn? Denken wir über Mutter Teresas Worte über das Leiden nach, die aus ihrer eigenen Erfahrung kommen und werden wir so wie sie, bessere Liebhaber des Herzens Jesu:

> „Leiden muss kommen, denn wenn du auf das Kreuz schaust, hat Er seinen Kopf gesenkt – Er möchte dich küssen – und Er hat beide Hände weit offen – Er möchte dich umarmen. Er hat sein Herz weit geöffnet, um dich zu empfangen. Wenn du dich innerlich unglücklich fühlst, schaue auf das Kreuz und du wirst wissen, was passiert. Leiden, Schmerz, Trauer, Demütigung, Gefühle der Einsamkeit sind nichts anderes als der Kuss Jesu, ein Zeichen dafür, dass du so nahegekommen bist, dass Er dich küssen kann. Verstehst du, Bruder, Schwester oder wer auch immer du sein magst? Leiden, Schmerz, Demütigung – das ist der Kuss Jesu. Manchmal kommst du Jesus am Kreuz so nahe, dass Er dich küssen kann. Ich habe das einmal einer Frau erzählt, die sehr gelitten hat. Sie antwortete: „Sag Jesus, Er soll mich nicht küssen – Er soll aufhören, mich zu küssen." Dieses Leiden muss kommen, das im Leben Unserer Lieben Frau kam, das im Leben Jesu kam – es muss auch in unserem Leben kommen. Nur nie ein langes Gesicht aufsetzen. Leiden ist ein Geschenk Gottes. Es ist zwischen dir und Jesus allein in dir."[63]

Heutiges Gebet:

Komm, Heiliger Geist, der Du in Maria lebst.
Hilf mir, die Liebe des Herzens Jesu zu finden, die in der Dunkelheit verborgen ist.

16. TAG
Das Geschenk, das Gott am 10. September gab

Erinnere dich daran, dass im Überblick über Mutter Teresas Leben, über das wir gestern nachgedacht haben, ein entscheidendes Ereignis alles verändert hat: die „Berufung in der Berufung“ am 10. September, die Erfahrung des Durstes Jesu nach Liebe und nach Seelen. Viele Jahre lang sprach Mutter Teresa mit niemandem außer mit ihrem Geistlichen Begleiter über diese Erfahrung. Dann, vier Jahre vor ihrem Tod, am 25. März 1993, nachdem sie eine Fastenbotschaft von Papst Johannes Paul II. über „Mich dürstet“[64] gelesen hatte, fühlte sie sich bewegt, ihr Geheimnis in einem Brief an ihre Missionare der Nächstenliebe zu lüften. Da dieser Brief das Herz von Mutter Teresa besser zu offenbaren scheint als alles andere, werde ich ihn jetzt vollständig zitieren, und er wird unsere ganze Reflexion für heute darstellen:

> Der Brief des Hl. Vaters über „Mich dürstet“ hat mich so sehr berührt – ich kann Euch nicht sagen, was ich fühlte. Dieser Brief ließ mich mehr denn je realisieren, wie schön unsere Berufung ist … ER hat unsere Gemeinschaft auserwählt, diesen Durst Jesu zu stillen – Durst nach Liebe, Durst nach Seelen – indem ER uns einen besonderen Platz in Seiner Kirche gibt. Gleichzeitig erinnern wir die Welt an etwas, das verloren ging, nämlich Seinen Durst … Dieser Brief des Hl. Vaters ist ein Zeichen für unsere ganze Gemeinschaft, um tiefer zu verstehen, was dieser große Durst Jesu für jede und jeden von uns bedeutet. Für mich ist der Durst Jesu etwas so intimes, dass ich mich bisher gescheut habe vom 10. September zu Euch zu sprechen …

In dieser Karwoche wünscht Jesus, dass ich Euch nochmals mitteile, wie groß Seine Liebe zu jeder und jedem von uns ist, viel mehr als wir uns vorstellen können. Es beunruhigt mich, dass einige von Euch Jesus noch nicht wirklich kennengelernt haben – eins zu eins: Ihr und Jesus allein. Wir können gewiss Zeit verbringen in der Kapelle – aber habt Ihr mit den Augen Eurer Seele gesehen mit welcher Liebe ER Euch anschaut? Habt ihr wirklich Bekanntschaft gemacht mit dem lebendigen Jesus, nicht aus Büchern, sondern durch das Mit-IHM-Sein in Euren Herzen? Habt Ihr Seine Worte der Liebe an Euch gehört? Bittet um die Gnade! Er hat den brennenden Wunsch sie zu geben. Solange ihr Jesus nicht in der Stille Eures Herzens hören könnt, könnt Ihr IHN nicht sagen hören: „Mich dürstet!" in den Herzen der Armen. Gib diesen intimen täglichen Kontakt mit Jesus niemals auf – als wirklich lebendige Person und nicht bloß als eine Idee. Wie könnten wir auch nur einen einzigen Tag verbringen, ohne Jesus sagen zu hören „Ich liebe Dich". … Es ist unmöglich! Unsere Seele hat dies so nötig, wie unser Körper es nötig hat zu atmen. Wenn nicht, dann stirbt das Gebet und die Meditation ist bloß ein Nachdenken. Jesus wünscht, dass ein jeder und eine jede von uns IHN hört, der in der Stille des Herzens zu Euch spricht.

Seid Allem gegenüber vorsichtig, was diesen persönlichen Kontakt mit dem lebendigen Jesus gefährden könnte. Der Teufel wird versuchen sich der Verletzungen des Lebens, Schwächen und Fehler zu bedienen und Euch einzureden, dass es unmöglich ist, dass Jesus Euch liebt und treu bleibt. Dies ist eine Gefahr für Euch alle. Das Traurige daran ist, dass dies genau das Gegenteil davon ist, was Jesus Euch sagen will. ER liebt Euch nicht nur, ER sehnt sich nach

Euch. ER vermisst Euch, wenn Ihr nicht zu IHM kommt. ER hat Durst nach Euch. ER liebt Euch unaufhörlich, auch wenn Ihr das Gefühl habt unwürdig zu sein. Wenn Euch die Menschen nicht akzeptieren – oder Ihr Euch manchmal selber nicht akzeptieren könnt – ER ist der Einzige, der Euch immer akzeptiert. Meine Kinder, Ihr müsst nicht anders sein, damit Jesus Euch liebt. Glaubt es: Ihr seid wertvoll für Ihn. Tragt all Eure Leiden zu Seinen Füßen und öffnet Eure Herzen, damit ER Euch lieben kann, so wie Ihr seid. ER wird dann den Rest tun.

Ihr wisst alle verstandesmäßig, dass Jesus Euch liebt, aber diesen Brief möchte Mutter an Eure Herzen richten. ... Deshalb bitte ich Euch, diesen Brief vor dem Allerheiligsten zu lesen, da wo er geschrieben wurde, damit Jesus selber zu jedem und jeder von Euch sprechen kann.

Seine Worte [„Mich Dürstet"], die auf der Mauer jeder Kapelle der Missionarinnen der Nächstenliebe geschrieben stehen, gehören nicht der Vergangenheit an, sondern sind lebendig – hier und jetzt an Euch gerichtet. Glaubt Ihr das? Wenn ja, dann werdet Ihr Seine Gegenwart hören und fühlen. Lasst diese Worte in Euch so vertraut werden, wie sie für Mutter sind; das ist die größte Freude, die Ihr mir machen könnt. Mutter wird versuchen, Euch verstehen zu helfen – aber nur Jesus selbst kann zu Euch sagen: „Mich dürstet". Hört wie ER Euch beim Namen ruft. Nicht nur einmal. Jeden Tag. Wenn Ihr mit dem Herzen hört, werdet Ihr hören und verstehen.

Warum sagt Jesus „Mich dürstet"? Was bedeutet das? Es ist schwer in Worten zu erklären... Dennoch, wenn Ihr nur etwas von Mutters Brief behalten könnt, erinnert Euch an dieses „Mich dürstet", das viel tiefer ist, als wenn Jesus sagen würde „Ich liebe Euch". Solange Ihr nicht begreift, auf welche intime Art und Weise Jesus nach uns dürstet, wird es Euch unmöglich sein zu verstehen, wer Jesus für uns sein will oder wer wir für IHN sein sollen.

… Maria wird uns allen helfen treu zu bleiben, denn sie war die erste Person, die Jesu Ruf „Mich dürstet" am Kreuz hörte, zusammen mit Johannes und sicher auch mit Maria Magdalena. Weil sie dort auf Kalvaria war, weiß sie wie tief Sein Verlangen und Sehnen nach Euch und den Armen ist. Und wir, kennen wir es? Fühlen wir es wie sie? Fragt sie, dass sie Euch lehren soll – … Ihre Aufgabe ist es, Euch wie Johannes und Maria Magdalena zum liebenden Herzen Jesu, des Gekreuzigten hinzuführen. Als erste war es die Muttergottes, die Mutter darin unterwies, jetzt ist es Mutter in ihrem Namen, Euch darin zu unterweisen; ich bitte Euch: Hört den Durst Jesu! Möge dies für Euch alle ein Wort des Lebens sein, …

Wie können wir uns dem Durst Jesu annähern? Es gibt nur ein einziges Geheimnis: je näher Ihr zu Jesus kommt, desto besser werdet Ihr Seinen Durst verstehen. „Zeigt Reue und glaubt an das Evangelium" sagt uns Jesus. Was haben wir zu bereuen? Unsere Gleichgültigkeit und unsere Härte des Herzens. Was haben wir zu glauben? Dass Jesus gerade jetzt nach Euren Herzen und den Armen dürstet. Er kennt Eure Schwäche; Er wünscht nur Eure Liebe; Er wünscht nur, dass Ihr Ihm die Gelegenheit gebt, Euch zu lieben. Er kennt keine zeitlichen Grenzen. Wann immer wir uns IHM nähern, werden wir eng mit Maria, der Muttergottes verbunden, sowie mit Johannes und Maria Magdalena. Hört IHN! Hört IHN Euren Namen nennen! Macht meine Freude und Eure Freude vollkommen![65]

Heutiges Gebet:

Komm, Heiliger Geist, der Du in Maria lebst.
Hilf mir, auf den Durst Jesu zu hören.

17. TAG
Die Visionen von 1947

Einige Monate nachdem Mutter Teresa zum ersten Mal ihre „Berufung in der Berufung" gespürt hatte, erlebte sie drei Visionen, die ihre Berufung weiter bestärkten. In der ersten Vision sah sie eine riesige Menge von Menschen aller Art, zu denen auch die sehr Armen und Kinder gehörten. Die Leute in der Menge hatten ihre Hände erhoben und riefen: „Komm, komm, rette uns – bringe uns zu Jesus."[66]

In der zweiten Vision war die gleiche große Menge da und dieses Mal konnte Mutter Teresa den großen Kummer und das Leid in ihren Gesichtern sehen. Sie kniete in der Nähe der Muttergottes, die der Menge gegenüberstand. Obwohl sie Marias Gesicht nicht sehen konnte, konnte sie hören, was sie sagte: *„Kümmere dich um sie – sie gehören mir. – Bringe sie zu Jesus – Trag Jesus zu ihnen. Fürchte dich nicht."*[67]

In der dritten Vision war wieder die gleiche große Menge da, aber sie waren von Dunkelheit umgeben. Trotzdem konnte Teresa sie sehen. In dieser Szene hing Jesus am Kreuz und die

Muttergottes war etwas weiter weg. Teresa war als kleines Kind direkt vor Maria. Marias linke Hand ruhte auf Teresas linker Schulter und ihre rechte Hand hielt Teresas rechten Arm. Beide standen vor dem Kreuz und Jesus sprach zu Teresa:

> *„Ich habe dich gebeten, Sie haben dich gebeten und sie, Meine Mutter, hat dich gebeten. Willst du dich verweigern, dies für Mich zu tun – und dich um sie zu kümmern und sie zu Mir zu bringen?"*[68]

Beachte die Rolle der Muttergottes in diesen Visionen. Sie ist da und hilft Teresa, den Wunsch des Herzens des Herrn zu hören und das Leid der Menge zu sehen. Sie ist dort als Mutter mit ihrem „kleinen Kind", Jesus und der Menge genau gegenüber. Sie gibt Teresa Trost und Unterstützung, so wie sie es bei dem Hl. Johannes am Fuße des Kreuzes getan hat. Pater Joseph Langford, MC, der Mitbegründer der Priestergemeinschaft der Missionare der Nächstenliebe, reflektiert die Bedeutung dieser Visionen:

> Ohne die Muttergottes wären wir … allein vor den Kreuzen des Lebens, vergessen Jesus in unserer Mitte. In Zeiten der Prüfung sind wir oft wie die Armen in Mutter Teresas Vision, von Dunkelheit umgeben, ohne zu wissen, dass Jesus in unserer Mitte ist. Ohne die Treue, die Unsere Liebe Frau Mutter Teresa gegeben hat, hätte die Welt diese Worte [Mich dürstet] nicht gehört oder gesehen, wie sie sie heute gelebt hätte.[69]

Es stellt sich heraus, dass die Muttergottes nicht nur in diesen Visionen von Mutter Teresa, sondern auch während der ursprünglichen Gnade vom 10. September besonders anwesend war. Am 50. Jahrestag dieses gesegneten Tages teilte Mutter etwas Neues mit: „Wenn die Muttergottes an diesem Tag nicht bei mir gewesen wäre, hätte ich nie gewusst, was Jesus meinte, als er sagte: ‚Mich dürstet'"[70] Worauf wollte Teresa hinaus? Was sie meinte, kommt ans Licht, wenn wir noch einmal über die marianische Dimension des Briefes vom 25. März, über das „Mich dürstet" nachdenken:

> … Maria wird uns allen helfen treu zu bleiben, denn sie war die erste Person, die Jesu Ruf „Mich dürstet" am Kreuz hörte, zusammen mit Johannes und sicher auch mit Maria Magdalena. Weil sie dort auf Kalvaria war, weiß sie wie tief Sein Verlangen und Sehnen nach Euch und den Armen ist. Und wir, kennen wir es? Fühlen wir es wie sie? Fragt sie, dass sie Euch lehren soll – … Ihre Aufgabe ist es, Euch wie Johannes und Maria Magdalena zum liebenden Herzen Jesu, des Gekreuzigten hinzuführen. Als erste war es die Muttergottes, die Mutter darin unterwies, jetzt ist es Mutter in ihrem Namen, Euch darin zu unterweisen; ich bitte Euch: Hört den Durst Jesu!

Diese Passage trifft ins Herz von Mutter Teresas Beziehung zu Maria, und nichts fasst sie besser zusammen als diese goldene Zeile: *Ihre Aufgabe ist es, Euch … zum liebenden Herzen Jesu, des Gekreuzigten hinzuführen.*

Heutiges Gebet:

Komm, Heiliger Geist, der Du in Maria lebst.
Führe mich hin zum liebenden Herzen Jesu,
des Gekreuzigten.

18. TAG
Das Unbefleckte Herz Mariens

Marias Aufgabe ist es, uns zum liebenden Herzen Jesu, des Gekreuzigten hinzuführen. Aber was ist, wenn wir nichts fühlen, nicht bewegt sind, wenn wir Ihm von Angesicht zu Angesicht gegenüberstehen? Was ist, wenn wir vor einem Kruzifix stehen, über die Passion des Herrn nachdenken und wenig oder gar nichts fühlen? Was ist, wenn unser Herz wegen unserer Sünden hart und unsensibel ist? Das passiert. Wir alle sündigen und die Sünde verhärtet die Herzen. Auch Trockenheit und Verwüstung geschehen, unabhängig von unseren Sünden. Was auch immer der Grund sein mag, unser Herz kann kalt und gefühllos sein und das kann ein Problem sein. Glücklicherweise wird uns diejenige helfen, die ein sündenfreies, vollkommenes, unbeflecktes Herz hat. Sie wird uns ihr mütterliches Herz geben. Sie lässt uns sogar in ihrem Herzen leben! Wenn wir ihr nur das unsrige geben.

Während unserer Woche mit dem Hl. Ludwig von Montfort erfuhren wir, dass wir uns ganz und gar Maria geben, wenn wir uns ihr weihen und Maria gibt uns dann ihr ganzes Sein und Haben. Die Betonung dieser Woche lag auf Verdiensten: Wenn wir Maria unsere Verdienste geben, gibt sie uns ihre Verdienste. Das ist eine wunderbare Sache. Doch Mutter Teresa stellt etwas anderes in den Vordergrund. Ihre Sorge gilt dem Herzen. Mit anderen Worten, ihre Version einer vollkommenen Weihe an Maria konzentriert sich auf eine Art Austausch von Herzen: Wir geben Maria unser Herz und sie gibt uns ihr unbeflecktes Herz. Für Mutter Teresa bedeutet diese Gabe des Herzens Mariens durch die Weihe im Wesentlichen zwei Dinge, die durch zwei einfache Gebete zum Ausdruck gebracht werden: „Leih mir dein Herz“ und „Halte mich in deinem Allerreinsten Herzen“.

Erstens: *„Leih mir dein Herz“*. Mit diesem Gebet bat Mutter Teresa die Muttergottes, ihr die Liebe ihres Herzens zu schenken. Mit anderen Worten, sie sagt: „Maria, hilf mir, mit der vollkommenen Liebe deines unbefleckten Herzens zu lieben.“ Denk daran, Mutter Teresas leidenschaftlicher Wunsch war es, den Durst Jesu nach Liebe zu stillen und sie wollte dies auf die bestmögliche Weise tun. Was gibt es Besseres, Jesus zu lieben, als mit dem vollkommenen, demütigen, unbefleckten Herzen Seiner Mutter? Hier fand Mutter Teresa das Geheimnis, ihre Berufung in vollen Zügen auszuleben: „Maria, leih mir dein unbeflecktes Herz.“

Aber kann Maria uns wirklich ihr Herz geben? Natürlich hat diese Idee etwas pikant Poetisches. Und doch liegt die Wahrheit darin. Wenn Mutter Teresa oft zu Maria sagte: Leih mir dein Herz“, meinte sie es auch. Glaubte sie, dass das physische Organ ihres Herzens aus ihrem Körper entfernt würde und dass Maria vom Himmel herabkommen und ihr das ihrige geben würde? Natürlich nicht. Das physische Organ des Herzens ist selbst nur ein Symbol einer tieferen, geistlichen Realität. „Das Herz“ bezieht sich auf das innere Leben und den Sitz des innewohnenden Heiligen Geistes. Der Heilige Geist. Nun kommen wir zum Kern der Sache.

Erinnere dich an unsere Woche mit dem Hl. Maximilian Kolbe und daran, wie er die Verbundenheit zwischen dem Heiligen Geist und Maria betonte. Er sagte, dass Maria die Braut des Heiligen Geistes ist und dass ihre Vereinigung noch tiefer geht als ein Eheband. Er sagte so: „Der Heilige Geist handelt nur durch die Immaculata, Seiner Braut. Sie ist also die Mittlerin aller Gnaden des Heiligen Geistes."[71] Wenn wir also Jesus vollkommen, leidenschaftlich und ganz lieben wollen – wie Mutter Teresa es tat – dann brauchen wir Seinen Geist der Liebe und Maria, die Unbefleckte bringt Ihn zu uns. Lass uns beten: „Maria, leih uns dein Herz. Bring uns den Geist. Bete, dass unsere verhärteten Herzen aus Liebe zu Jesus brennen. Hilf uns, unser Herz in Brand zu setzen, aus Liebe zu Ihm."

Das zweite Gebet lautet: „*Halte mich in deinem Allerreinsten Herzen.*" Oder, ausführlicher gesagt, betet man: „Unbeflecktes Herz Mariens, halte mich in deinem Allerreinsten Herzen, damit ich Jesus durch dich, in dir und mit dir gefalle."[72] Dieser Teil von Mutter Teresas Weihe an Maria ist der tiefste. Sie bittet nicht nur darum, dass Marias Herz in ihr ist, sondern dass sie in Marias Herz ist! Dies ist also ein Gebet, um Jesus durch Maria, in Maria und mit Maria zu lieben. Das ist mehr, als uns nur von Maria das Herz leihen zu lassen. Um dies zu verstehen und zu leben, bedarf es einer liebevollen Abhängigkeit und einer tiefen Vereinigung mit Maria. Übermorgen werden wir darüber berichten, was das bedeutet und wie wir dorthin kommen. Morgen erfahren wir mehr über Marias Herzenshaltung.

Heutiges Gebet:

Komm, Heiliger Geist, der Du in Maria lebst.
Halte mich in ihrem reinsten und unbefleckten Herzen.

19. TAG
Herz-erwägendes Gebet

Bist du bereit für deine Weihe an Maria? Wenn nicht, dann mach dich bereit! Wie ich anfangs sagte, nach dem Weihetag ändert sich alles. Ein glorreicher neuer Tag dämmert in unserem geistlichen Leben auf. Wenn wir Maria unser „Ja" geben, beginnt sie, alle Ereignisse und Details unseres Lebens auf so schöne, zärtliche und liebevolle Weise zu ordnen. Wir müssen uns also darauf vorbereiten. Insbesondere müssen wir uns darauf vorbereiten, die Vielzahl von Barmherzigkeiten zu *erkennen*, die durch ihren Bräutigam, dem Heiligen Geist, zu uns kommen werden.

Oft erkennen wir die vielen Gaben nicht, die Gott uns auf unser tägliches Leben ausgießt. Was wir erkennen, sind die Ärgernisse, Belastungen, Schwierigkeiten und Unannehmlichkeiten. Diese gewinnen unsere Aufmerksamkeit. Über diese beschweren wir uns. Diese bringen uns in schlechte Laune und saugen unsere Energie auf. Wäre es nicht eine Tragödie, wenn wir, nachdem wir nach unserer Weihe noch mehr Gaben und Gnaden erhalten hatten, diese negative Einstellung nicht änderten? Ja, das wäre es. Also müssen wir uns vorbereiten und Mutter Teresa wird uns helfen.

Mutter Teresa lebte in einigen der ärmsten Umgebungen der Erde. Sie musste mit brennender Hitze, schlechtem Atem, stickigen Zimmern, quälender Müdigkeit, endlosen Aufgaben, faden Lebensmitteln, harten Betten, Körpergeruch, Kaltwasser baden und einer quälend tiefen geistlichen Trockenheit fertig werden. Doch trotz alledem strahlte sie Freude aus. Sie lächelte. Sie staunte über die guten Dinge, die Gott in ihrem

Leben und im Leben anderer getan hat und sie dachte über die unzähligen liebevollen Details nach, die die Muttergottes ordnete. Dies alles sehend und erkennend, beschwerte sie sich nicht.

Wie hat Mutter Teresa eine solche geistliche Sensibilität und Haltung der Dankbarkeit entwickelt? Was war ihr Geheimnis? Zwei Dinge.

Erstens folgte sie dem Beispiel Mariens, die immer „in ihrem Herzen“ die „guten Dinge“ erwog, die Gott in ihrem Leben tat (s. Lk 2:19, 51). Wie Mutter Teresa, lebte Maria natürlich auch in Armut und trug sicherlich ihren Teil der Dunkelheit im Gebet. Aber sie fand Gott auch in den Einzelheiten, erwog Seine Güte in ihrem Herzen und antwortete mit Lobpreis: „*Magnifikat*!“ Tatsächlich lobte und dankte sie Gott in allem, weil sie Gott in allen Dingen fand und tief in ihrem Herzen über Seine vielen Zeichen der Liebe nachdachte.

Zweitens folgte Mutter Teresa dem Beispiel des Hl. Ignatius von Loyola, dem Soldatenheiligen und Meister des praktischen Gebets. Insbesondere lebte sie seine Methode, eine tägliche Gewissenserforschung („Erforschung“) zu machen, wobei man den Tag am Ende des Tages in Gegenwart des Herrn Revue passieren lässt. Im Gegensatz zu dem, was die Leute oft über die Erforschung denken, ist es nicht einfach eine Wäscheliste von Sünden. Tatsächlich weist Ignatius die Menschen an, die meiste Zeit damit zu verbringen, nicht über Sünden nachzudenken, sondern über die Wohltaten des Tages. Es ist wirklich eine Übung, die guten Dinge zu erkennen, die Gott in unserem Leben tut und wie wir auf Seine Liebe reagieren oder nicht. Es ist eine Nachahmung von Marias Haltung des

Herz-erwägenden Gebetes. (Informationen zu Erlernen einer Methode, eine Gewissenserforschung zu machen siehe die Endnote.)[73]

Gott ergießt immer Seine Liebe und Barmherzigkeit über uns auf so viele verschiedene Arten. Es ist wichtig, dass wir anfangen, diese Wohltaten zu erkennen und Ihm dafür zu danken, vor allem, weil diese Segensdusche sich in einem Strom der Gnade verwandeln wird, sobald wir uns Maria weihen. Also, machen wir uns bereit. Denken wir daran, dass nach Mutter Teresa eine wichtige Möglichkeit, unsere Weihe zu leben darin besteht, Gottes Wohltaten zu erkennen und sie mit Maria tief in unserem Herzen zu erwägen. Ein solches Herz-erwägendes Gebet führt zu Lob und Dank und Lob und Dank setzen uns in Brand hin zu göttlicher Liebe.

Heutiges Gebet:

Komm, Heiliger Geist, der Du in Maria lebst.
Hilf mir, all das Gute, das Du für mich tust, zu erkennen und in meinem Herzen zu erwägen.

20. TAG
Ein Weihebund

Gestern sagte ich, dass wir uns auf unsere Weihe an Maria vorbereiten müssen, indem wir lernen, alle Gnaden zu erkennen, die sich zu ergießen beginnen. Heute werden wir ein bisschen die Richtung wechseln. Wir bereiten uns auf den Weihetag vor, indem wir darüber nachdenken, wie ernst es mit der Verpflichtung der Marienweihe wirklich ist. Dies ist ein wichtiger

Teil unserer Vorbereitung, denn je ernster wir ihn nehmen, desto ernster wird es die Muttergottes nehmen. Mutter Teresa wird uns heute besonders helfen, denn sie nahm ihre Weihe an Maria sehr ernst.

Einer der Gründe, warum Mutter Teresa ihre Weihe so ernst nahm, hat mit ihren Wurzeln in der albanischen Kultur zu tun. Ein Schlüsselwort in dieser Kultur ist *„besa"*. Wörtlich übersetzt bedeutet dies „Treue", aber seine vollständige Bedeutung ist „Ehrenwort" und „das Versprechen halten". Mutter Teresa erklärt:

> [*besa]* bedeutet: selbst wenn Sie meinen Vater getötet haben und die Polizei hinter Ihnen her ist, ich Ihnen aber mein Wort gegeben habe, Sie nicht zu verraten – werde ich Ihren Namen nicht preisgeben, selbst, wenn die Polizei mich töten würde.[74]

Mit anderen Worten, im Sinne von Mutter Teresa bedeutet das, wenn du jemandem dein Wort gibst, gibst du dich selbst. In der Tat hat *besa* einen heiligen Charakter wie ein Gelübde, ein Eid oder ein Bund. Lass uns über das letzte Wort „Bund" nachdenken. So beschrieb Mutter Teresa ihre Weihe an Maria. Es ist ein Wort, das eine reiche, biblische Bedeutung hat: Es beschreibt das Band der Beziehung zwischen Gott und Seinem Volk während der Heilsgeschichte. Eine solche Bindung ist mehr als ein Vertrag, wie der Bibel-Gelehrte Scott Hahn erklärt:

> [E]in wichtiger Unterschied zwischen Verträgen und Bundesschlüssen liegt in der verschiedenen Form des Austauschs. Ein Vertrag regelt den Austausch von Besitz in Form von Gütern und Dienstleistungen (Das gehört mir,

> und das gehört dir). Ein Bund hingegen ist der Austausch von Personen (Ich bin dein, und du bist mein), durch den ein Band interpersonaler Gemeinschaft geschaffen wird.[75]

Ein weiteres Merkmal eines Bundes ist, dass er in der Regel bestimmte Rechte und Pflichten mit sich bringt. Im ehelichen Bund haben beispielsweise Mann und Frau das Recht, sich aneinander zu erfreuen in der ehelichen Umarmung der sich verschenkenden Liebe, aber sie haben auch die Pflicht, füreinander „in guten und schlechten Zeiten“ Sorge zu tragen und sich gegenseitig zu unterstützen. Mutter Teresa verstand auch ihren „Weihebund“ mit Maria als bestimmte Rechte und Pflichten, und sie teilte diese marianische Spiritualität ihrer Ordensgemeinschaft, den Missionarinnen der Nächstenliebe, mit.

Pater Joseph Langford, MC, inspiriert von Mutter Teresas Lehre über den Weihebund, beschreibt die Einzelheiten der Rechte und Pflichten eines Missionars der Nächstenliebe in ihrer Beziehung zu Maria und listet 12 entsprechende Rechte und Pflichten auf. Signifikant ist, dass die Liste mit Marias Pflicht beginnt, „ihren Geist und ihr Herz“ zu geben und damit endet, dass jeder Missionar der Nächstenliebe das „Recht“ hat, in Marias Herz einzutauchen und ihr inneres Leben zu teilen. Die beiden Buchstützen dieses Bundes mit Maria sind also Mutter Teresas zwei Gebete, von denen wir vorher erfahren haben: „Leih mir dein Herz“ und „halte mich in deinem allerreinsten Herzen.“ Alles dazwischen ist einfach der Ausdruck der Beziehung.

Lass uns also mit dem Erwägen über den Weihebund der Missionare der Nächstenliebe mit Maria und mit seinem einleitenden Absatz beginnen:

Bewegt von dem glühenden Wunsch, in der engsten Vereinigung, die in diesem Leben möglich ist, mit dir zu leben, um sicherer und vollkommener zu einer Vereinigung mit deinem Sohn zu gelangen, verspreche ich hiermit, den Geist und die Bedingungen des folgenden Weihebundes so treu und großherzig zu leben, wie es mir möglich ist.[76]

Marias Pflichten	**Meine Pflichten**
Mir von ihrem Geist und Herzen zu geben	Vollkommene Übergabe von allem, was ich habe und bin
Mich zu besitzen, zu beschützen und zu verwandeln	Vollkommene Abhängigkeit von ihr
Mich zu inspirieren, zu leiten und zu erleuchten	Empfänglichkeit für ihren Geist
Ihre Erfahrungen im Gebet und beim Lobpreis zu teilen	Treue zum Gebet
Verantwortung für meine Heiligung	Vertrauen auf ihre Fürsprache
Verantwortung für alles, was mir widerfährt	Alles annehmen, als käme es von ihr
Mit mir ihre Tugenden zu teilen	Ihren Geist nachzuahmen
Für meine geistlichen und materiellen Bedürfnisse zu sorgen	Ständig Zuflucht zu ihr zu nehmen
Einheit mit ihrem Herzen	Sich an ihre Gegenwart zu erinnern
Mich und meine Handlungen zu reinigen	Reinheit der Absicht; Selbstverleugnung
Recht, über mich zu verfügen, über meine Gebete, Fürbitten und Gnaden	Das Recht, mich für das Königreich ihrer und ihrer Kräfte zu bedienen
Totale Freiheit in und um mich herum, wie es ihr in allen Dingen gefällt	Das Recht, in ihr Herz einzutreten, um ihr Innenleben zu teilen

Heutiges Gebet:

Komm, Heiliger Geist, der Du in Maria lebst.
Hilf mir, glühend mit Maria ein Weihebund zu schließen.

21. TAG
‚Sei der Eine' (mit Maria)

Für den Fall, dass die Liste der 12 Pflichten, die wir gestern behandelt haben, einige von uns überwältigt hat, werden wir heute auf eine einfachere Art und Weise schauen, um uns an das Wesentliche der Marienweihe von Mutter Teresa zu erinnern: „Sei die/der Eine". Oder, genauer gesagt: „Sei der Eine, mit Maria." Was bedeutet das? Der Hauptthinweis kommt aus dem Offertorium (Liturgischer Gesang zur Gabenbereitung) (Ps 69:21) zur Hl. Messe zum Hochfest des Heiligsten Herzens Jesu:

> Die Schande bricht mir das Herz, ganz krank bin ich vor Schmach; umsonst habe ich auf Mitleid gewartet, auf einen Tröster, doch ich habe keinen gefunden.[77]

Mutter Teresa antwortet: „Sei der Eine." Sei derjenige, der Jesus tröstet, indem du Seinen brennenden Durst nach Liebe stillst. Sie schreibt:

> Sag Jesus: „I will be the one." Ich will die Eine sein, ermutigen und lieben ... Sei mit Jesus. Er betete und betete, und dann suchte Er nach Trost, doch Er fand keinen. ... Ich schreibe immer den Satz: „Ich suchte nach dem Einen, der Mich tröstet, doch ich fand keinen." Dann schreibe ich: „Be the one." Jetzt bist du also die Eine. Versuche, die Eine zu sein, die mit Ihm teilt, die Ihn tröstet, die Ihn ermutigt. Bitten wir Unsere Liebe Frau, dass sie uns helfe zu verstehen.[78]

Dieser letzte Satz ist der Schlüssel. Wir brauchen die Muttergottes, die uns hilft, den Durst Jesu zu verstehen. Sie ist diejenige, die Ihn am besten tröstet. Sie ist die Braut des Trösters, des Heiligen Geistes. Durch Maria kann uns der Heilige Geist helfen zu verstehen, was es bedeutet, ein Tröster des Herzens Jesu zu sein:

> Lasst uns versuchen, auf besondere Weise dem Herzen Jesu so nahe zu kommen, wie es nur einem menschlichen Herzen möglich ist. Lasst uns versuchen, so intensiv wie möglich Jesu furchtbaren Schmerz zu verstehen, dem wir Ihm durch unsere Sünden verursachen und den Er durch Sein Dürsten nach unserer Liebe hat. … Gott sei Dank war die Muttergottes dort, um voll und ganz das Dürsten Jesu nach Liebe zu begreifen. – Sie muss sofort gesagt haben: „Ich stille Deinen Durst mit meiner Liebe und dem Leiden meines Herzens."[79]

Ja, wir können Gott für die Muttergottes danken. Sie lehrt uns, mit ihr „der Eine zu sein", und Jesus auf Golgota zu trösten. Sie hilft uns, „geradeheraus" zu sagen: „Jesus, ich lösche Deinen Durst." Aber was genau bedeutet das? Was bedeutet es, den Durst Jesu zu stillen? Zwei Dinge: Jesus, das Haupt Seines mystischen Leibes zu trösten und Ihn in den Gliedern Seines Leibes zu trösten.

Wie trösten wir Jesus, das Haupt des Leibes? Indem wir Apostel der Freude sind, was bedeutet, „das Heilige Herz Jesu durch Freude zu trösten", und wir tun dies besonders mit Marias Freude. Denn Mutter Teresa fährt fort: „Bitten Sie Unsere Liebe Frau bitte, mir ihr Herz zu geben – …"[80] Maria ist diejenige, die trotz ihrer eigenen Prüfung der Dunkelheit Gott in allem lobt und dankt, Ihn anlächelt und Ihn mit ihrer Liebe tröstet. Es ist einfach und schön. Mutter Teresa fasst es anhand ihres Markenzeichens, den drei Tugenden zusammen: vollkommene Hingabe an Gott, liebevolles Vertrauen und vollkommene

Fröhlichkeit. Im Grunde ist es mit Maria so, wie ein Kind zu sein, das Jesus anlächelt und Ihn vom Fuß des Kreuzes aus liebt.

Nun, wie trösten wir Jesus in den Gliedern Seines Leibes? Indem wir ihren Durst erkennen. Jeder dürstet: Reiche und Arme, Junge und Alte, Gläubige und Ungläubige. Jeder hat ein unruhiges Herz für Gott, denn jeder Mensch ist ein ruheloser Durstiger. Jesus in anderen zu trösten heißt, auf ihr Leiden zu reagieren, besonders auf das tiefste, universellste Leiden: den Durst nach Liebe. Wir sollten auf diesen Durst in den anderen nicht mit Gleichgültigkeit reagieren, sondern mit einem sanften Lächeln, das sagt: „Ich freue mich, dass es dich gibt und ich verstehe auch den Schmerz des Durstes." Mutter erklärt:

> Das größte Übel ist der Mangel an Liebe und Barmherzigkeit, die entsetzliche Gleichgültigkeit seinem Nächsten gegenüber …
>
> [D]ie Menschen sind heutzutage hungrig nach Liebe, nach verständnisvoller Liebe, die sehr viel größer ist – die die einzige Antwort ist auf Einsamkeit und große Armut."[81]

Indem sie ihren eigenen Durst (mit Marias Hilfe) annahm und nicht davonlief, konnte Mutter Teresa den Durst anderer verstehen – sowohl den von Jesus am Kreuz als auch den von Jesus in ihrem Nächsten – und sie wurde eine wahre Apostelin der Barmherzigkeit und Freude: eine wahre Missionarin der Nächstenliebe.

Heutiges Gebet:

Komm, Heiliger Geist, der Du in Maria lebst.
Hilf mir, „der Eine zu sein", um Jesus mit Maria zu trösten.

Vierte Woche

Der Hl. Papst Johannes Paul II.

In dieser vierten und letzten vollen Woche werden wir uns auf das Beispiel und die Worte eines anderen großen Lehrers der Marienweihe konzentrieren: den Hl. Papst Johannes Paul II. „Der am meisten marianische Papst", wie er genannt wurde, vertiefte das Verständnis der Kirche für die Marienweihe. Aufbauend auf dem Werk des II. Vatikanischen Konzils bietet er uns eine durch und durch biblische Behandlung der Marienweihe – die er auch „Anvertrauen" nennt – und beruft sich auf die Idee, dass es Marias Aufgabe ist, uns in das Geheimnis der erlösenden Liebe Christi und Seine Selbsthingabe an den Vater zu führen.

22. TAG
Marias Geschenk der Barmherzigkeit

1917, als der Erste Weltkrieg tobte, erschien die Selige Jungfrau Maria drei Hirtenkindern in Fatima, Portugal. Sie sagte ihnen, dass der Krieg enden würde, aber wenn die Menschen sich nicht bekehren würden, würde ein schlimmerer Krieg folgen und Russland würde seine Irrtümer in der ganzen Welt verbreiten und mehr Kriege, Märtyrer und Verfolgungen der Kirche verursachen. Um dies zu verhindern, bat Maria den Heiligen Vater, Russland ihrem Unbefleckten Herzen zu weihen und die Menschen, sie sollten an fünf aufeinander folgenden „Ersten Samstagen" die Hl. Kommunion als Sühnekommunion empfangen. Am Ende, sagte sie, würde ihr Unbeflecktes Herz triumphieren.

Es ist interessant, dass Maria Russland erwähnt hat. Das gab damals Anlass zur Verwirrung: Russland? Heiliges Russland? Welche Irrtümer würde dieses fromme, christliche Land in der ganzen Welt verbreiten? Und wie konnte ein so armes

Russland so viel Einfluss ausüben? (Zu diesem Zeitpunkt der Geschichte steckte die sowjetische Revolution noch in den Kinderschuhen; das kommunistische, atheistische, totalitäre Regime war noch nicht etabliert.)

Nachdem Maria ihre Prophezeiung über Russland gegeben hatte, sahen die Kinder eine Vision, in der es um einen „Bischof in Weiß" ging, den sie als Papst verstanden. Mit großer Verzweiflung sahen sie, dass er viel leiden müsse und dann erschossen werden würde. Die Kinder schilderten das nur den kirchlichen Autoritäten, die beschlossen, es der Öffentlichkeit nicht zu offenbaren. Dies wurde als das letzte „Geheimnis" von Fatima bekannt.

Nun, die allererste Erscheinung Unserer Lieben Frau von Fatima war am 13. Mai 1917 um 17 Uhr. Genau 64 Jahre später, am 13 Mai 1981 um 17 Uhr, fuhr ein kleiner Freiluftjeep auf den Petersplatz mit Papst Johannes Paul II. hinaus, der die auf dem Petersplatz versammelten Pilger herzlich begrüßte. Irgendwann hielt der Jeep an, damit der Papst ein kleines Mädchen in die Arme nehmen konnte. Nachdem er sie den jubelnden Eltern zurückgab, setzte der Jeep seinen Weg durch das Meer der winkenden und jubelnden Pilger fort. Plötzlich feuerte ein Schütze zwei Schüsse aus nächster Nähe auf den Papst ab. Die erste Kugel streifte seinen Ellenbogen. Die zweite schlug in seinem Bauch ein und prallte in ihm ab, zerfetzte seinen Darm und durchbohrte seinen Dickdarm. Wie durch ein Wunder verfehlte die Kugel die Hauptschlagader um ein Zehntel Zoll. Wäre sie getroffen oder nur gestreift worden, wäre Johannes Paul auf dem Weg ins Krankenhaus verblutet. In der Erkenntnis dieser Gnade erklärte der Papst: „Eine Hand hat geschossen, eine andere hat die Kugel gelenkt."[82]

Welche Hand lenkte die Kugel? Johannes Paul glaubt, dass es die Hand unserer Lieben Frau von Fatima war (der Jahrestag des 13. Mai war nicht an ihm vorübergegangen). Tatsächlich bat er nach dem Attentat um den Umschlag, der das letzte Geheimnis von Fatima enthielt, das über den „Bischof in Weiß gekleidet" handelte. Mit Fatima im Kopf, gedachte er dann, die Welt Marias Unbefleckten Herzen so schnell wie möglich zu weihen, und er begann, einen Akt des Anvertrauens zu schreiben, den er weniger als einen Monat später feierlich betete. Schon vorher, innerhalb einer Woche nach der Schießerei, wiederholte er seine persönliche Weihe an Maria in einer aufgezeichneten Ansprache an die auf dem Petersplatz versammelten Pilger: Ganz dein, Maria, ich wiederhole: *Totus tuus ego sum.*"[83]

Am 25. März 1984 machte Johannes Paul auf dem Petersplatz, vor der offiziellen Statue Unserer Lieben Frau von Fatima, die zu diesem Anlass eingeflogen worden war, ein feierliches Anvertrauen der Welt an Marias Unbeflecktes Herz. Er schloss das Gebet mit folgenden Worten:

> Noch einmal zeige sich in der Geschichte der Welt die unendliche Heilskraft der Erlösung: die Macht der *erbarmenden Liebe*! Dass sie dem Bösen Einhalt gebiete! Dass sie die Gewissen wandle! In Deinem unbefleckten Herzen offenbare sich allen das *Licht der Hoffnung*!

Nachdem sie von dem feierlichen Anvertrauen des Papstes erfahren hatte, erklärte Sr. Lucia, die einzige Überlebende der drei Fatima-Seher, dass dieses voll und ganz der ursprünglichen Bitte der Muttergottes entspreche. Fünf Jahre später endete plötzlich das schreckliche, sowjetische, totalitäre Regime, das Millionen von Menschen terrorisiert hatte.

Dieser Sieg war errungen, aber der Papst ruhte nicht. Was er einmal das „Jahrhundert der Tränen" nannte, war noch lange nicht vorbei. Um dem fortwährenden Bösen und der Ungerechtigkeit in der Welt entgegenzutreten, verkündete er mit wachsender Häufigkeit die rettende Kraft der „*barmherzigen Liebe*" Gottes. Seine Bemühungen, diese Botschaft zu verbreiten, gipfelten in der Einrichtung des allgemeinen Festes der Göttlichen Barmherzigkeit im Jahr 2000 und einem feierlichen Akt des Anvertrauens der Welt an die Göttliche Barmherzigkeit im Jahre 2002. Drei Jahre nach diesem Akt des Anvertrauens starb der große marianische Papst, der große Papst der Barmherzigkeit, an einem ersten Samstag des Monats und bei der Mahnwache am Vorabend des Sonntags der Göttlichen Barmherzigkeit. Maria hatte sein Leben zu Beginn seines Pontifikats gerettet, damit ihr göttlicher Sohn durch ihn die Kirche zum Sieg der Barmherzigkeit und zum Triumph ihres Unbefleckten Herzens führen konnte.

Heutiges Gebet:

Komm, Heiliger Geist, der Du in Maria lebst.
Hab Erbarmen mit uns und mit der ganzen Welt.

23. TAG Mütterliche Vermittlung

Als einer unserer Wegweiser zum Tag der Weihe ist der Hl. Johannes Paul II. ein dreifaches Geschenk. Er ist nicht nur ein Marienheiliger, wie unsere anderen drei Wegweiser; er ist nicht nur brillant und gründlich in der Theologie ausgebildet, wie von Montfort und Kolbe, sondern er ist auch ein Papst. Daher tragen seine Worte die Lehrautorität des Nachfolgers vom Hl.

Petrus … und das maßgebliche Gewicht eines Ökumenischen Konzils! Nun, das gilt in dem Sinne, dass seine Lehren über die Muttergottes tief in der maßgeblichen Mariologie des II. Vatikanischen Konzils verwurzelt sind. Wegen der Abhängigkeit vom Konzil wollen wir sehen, was dieses über Maria zu sagen hat, bevor wir uns mit der Lehre von Johannes Paul über die Marienweihe befassen. (Morgen werden wir anfangen zu überlegen, wie Johannes Paul auf der Lehre des II. Vatikanischen Konzils aufbaut.)

Die wichtigsten marianischen Lehren des II. Vatikanischen Konzils findet man im letzten Kapitel der Dogmatischen Konstitution der Kirche, bekannt unter dem lateinischen Titel *Lumen Gentium*. Das Herzstück dieser Lehren hat mit dem zu tun, was man normalerweise als „mütterliche Mittlerschaft“ bezeichnet. Mütterliche Mittlerschaft bedeutet im Grunde, dass Maria unsere geistliche Mutter ist (daher „mütterlich“), die uns vom Himmel aus mit ihren Gebeten und ihrer mütterlichen Fürsorge hilft, uns zu Gott zu bringen (daher „Mittlerschaft“). Während der Begriff „mütterlich“ vertraut sein sollte, kann „Mittlerschaft“ einige Erläuterungen benötigen.

Ein Mittler ist jemand, der zwischen zwei Menschen steht, um sie in Einheit zu bringen. So ist Jesus Christus ein Mittler. Er ist derjenige, der nach dem Sündenfall zwischen Gott und der gefallenen Menschheit steht, um uns wieder in die Gemeinschaft mit Gott zu bringen. Und es gibt nur einen, wie Paulus klarstellt: „[E]iner ist auch Mittler zwischen Gott und Menschen: der Mensch Christus Jesus“ (1 Tim 2:5).

Wenn es nur einen Mittler zwischen Gott und dem Menschen gibt, und wenn dieser eine Mittler Jesus Christus ist, warum beschreibt dann das II. Vatikanischen Konzil Maria als Mittlerin? Weil Gott großherzig ist. Mit anderen Worten, Jesus behält seine Rolle als Mittler nicht für sich. Er möchte, dass Maria – und nicht nur Maria, sondern alle Christen – an Seiner einen Mittlerschaft teilhaben, wenn auch auf untergeordnete Weise. Jeder von uns teilt zum Beispiel die eine Mittlerschaft Christi, wenn wir füreinander „in Christus" beten. Einen ähnlichen Punkt erwähnte ich in der Einleitung, als ich schrieb, dass Gott will, dass wir alle an Seinem Erlösungswerk teilnehmen. Ich habe dort auch erwähnt, dass Maria eine einzigartige Rolle bei diesem Werk hat. Ich wiederhole, diese besondere Rolle wird nach dem II. Vatikanischen Konzil mit dem Begriff „mütterliche Mittlerschaft" ausgedrückt.

Unter den Geschöpfen ist Marias Rolle im andauernden Heilswerk bei weitem die wichtigste. Ihr wurde eine so wichtige Rolle nicht aus „irgendeiner sachlichen Notwendigkeit", Gottes gegeben, sondern „aus dem Wohlgefallen Gottes".[84] Ich wiederhole, wir sehen Gottes Großherzigkeit darin, dass Er uns in das Werk der Erlösung mit einbezieht, uns, nämlich genau die Geschöpfe, die Er zu erlösen kam. Die folgende Passage aus Lumen Gentium fasst Marias Mitarbeit bei diesem Werk sowohl als sie auf Erden war, als auch jetzt, wo sie im Himmel ist, zusammen:

> Die selige Jungfrau, die von Ewigkeit her zusammen mit der Menschwerdung des göttlichen Wortes als Muttergottes vorherbestimmt wurde, war nach dem Ratschluss der göttlichen Vorsehung hier auf Erden die erhabene Mutter des göttlichen Erlösers, in einzigartiger Weise vor anderen seine großmütige Gefährtin und die demütige Magd des Herrn. Indem sie Christus empfing, gebar und nährte, im

> Tempel dem Vater darstellte und mit ihrem am Kreuz sterbenden Sohn litt, hat sie beim Werk des Erlösers in durchaus einzigartiger Weise in Gehorsam, Glaube, Hoffnung und brennender Liebe mitgewirkt zur Wiederherstellung des übernatürlichen Lebens der Seelen. Deshalb ist sie uns in der Ordnung der Gnade Mutter.
>
> Diese Mutterschaft Marias in der Gnadenökonomie dauert unaufhörlich fort, von der Zustimmung an, die sie bei der Verkündigung gläubig gab und unter dem Kreuz ohne Zögern festhielt, bis zur ewigen Vollendung aller Auserwählten. In den Himmel aufgenommen, hat sie diesen heilbringenden Auftrag nicht aufgegeben, sondern fährt durch ihre vielfältige Fürbitte fort, uns die Gaben des ewigen Heils zu erwirken. In ihrer mütterlichen Liebe trägt sie Sorge für die Brüder ihres Sohnes, die noch auf der Pilgerschaft sind und in Gefahren und Bedrängnissen weilen, bis sie zur seligen Heimat gelangen. Deshalb wird die selige Jungfrau in der Kirche unter dem Titel der Fürsprecherin, der Helferin, des Beistandes und der Mittlerin angerufen. Das aber ist so zu verstehen, dass es der Würde und Wirksamkeit Christi, des einzigen Mittlers, nichts abträgt und nichts hinzufügt.[85]

Während Maria also auf Erden war, wirkte sie „vor allen anderen“ mit, mit dem Erlösungsplan Gottes, insbesondere indem sie Jesus gebar und sich um Ihn kümmerte. Jetzt im Himmel wirkt Maria noch immer in besonderer Weise an Gottes Erlösungsplan mit. Durch ihre „vielfältige Fürbitte“ und „mütterlichen Liebe“ bringt sie uns Gnade, Barmherzigkeit und die „Gaben des ewigen Heils“. Morgen werden wir beginnen zu sehen, wie Johannes Paul diese Lehre über Marias Mutterschaft in der Ordnung der Gnade erschließt. Vorerst können wir über dieses große Geschenk Gottes nachdenken: Maria ist unsere geistliche Mutter, deren gottgegebene Aufgabe es ist, uns mit zärtlicher Sorgfalt und den Gaben und Gnaden zu nähren, die wir durch ihre liebevollen Gebete erhalten.

Heutiges Gebet:

Komm, Heiliger Geist, der Du in Maria lebst.
Fülle mein Herz mit Lobpreis für Gott, weil Er mir
Maria als geistliche Mutter gegeben hat.

24. TAG
Marias Exerzitien (1. Tag)

Während dieser Exerzitien haben wir in unseren Herzen über bestimmte Wahrheiten unseres Glaubens nachgedacht, die sich auf die Marienweihe beziehen. Man könnte sagen, wir befinden uns auf einer Art „Pilgerreise des Glaubens", die zum Tag der Weihe führt. Auch Maria befand sich während ihres irdischen Lebens auf einer Art Exerzitien und Pilgerreise des Glaubens. Auch sie dachte in ihrem Herzen über verschiedene Wahrheiten nach, die mit der Marienweihe zusammenhängen. Schließlich entdeckte sie nicht ganz plötzlich ihre Berufung, eine geistliche Mutter und Mittlerin zu sein. Wie wir musste auch Maria den Weg des Glaubens gehen, während sie in ihrem Herzen erwog. Auch sie brauchte eine Zeit der Vorbereitung auf ihre besondere Rolle als unsere „Mutter in der Ordnung der Gnade."

Da Marias mütterliche Mittlerschaft so zentral für ein richtiges Verständnis der Marienweihe ist, werden wir die nächsten

Tage damit verbringen, Exerzitien innerhalb unserer Exerzitien zu machen. Wir werden dies tun, indem wir auf *Marias Exerzitien* schauen. Mit anderen Worten, wir werden Maria auf dem Weg begleiten, den Gott sie geführt hat, um nach und nach ihre Berufung zu entdecken, unsere geistliche Mutter und Mittlerin zu sein.

In gewisser Weise beginnen Marias Exerzitien bei der Verkündigung. Durch ihr „Ja" zu Gott, ihrem sogenannten „Fiat", nahm sie ihre Berufung an, die Mutter Jesu zu sein. Aber wusste sie auch, dass sie den Ruf annahm, auch die geistliche Mutter aller Christen zu sein? Ich weiß es nicht. Was ich weiß ist, dass das ganze Geheimnis der Verkündigung Maria etwas Erstaunliches zum Nachdenken gab, etwas, das tief mit der Marienweihe und dem Anvertrauen verbunden ist. Lass es mich so ausdrücken: Wer war der Erste, der sich Maria anvertraute? Es war nicht der Hl. Ludwig von Montfort. Es war Gott, der Vater. Johannes Paul erklärt: „Man muss ja bedenken, dass sich zuerst Gott selbst, der ewige Vater, *der Jungfrau von Nazaret anvertraut hat*, indem er ihr den eigenen Sohn im Geheimnis der Menschwerdung schenkte."[86] Maria hat sich über diesen Akt der Demut Gottes gewundert. Als sie sich wunderte und es erwog, hätte sie vielleicht eine Ahnung haben können, dass Gott später möchte, dass die Menschen, die Er erlöst hat, Seinem Beispiel folgen?

Maria hatte während ihrer Vorbereitung viele andere Dinge zu bedenken, um immer vollkommener unsere Mutter in der Ordnung der Gnade zu sein. Die synoptischen Evangelien (Matthäus, Markus und Lukas) bieten mehrere Reflexionspunkte, die von der geistlichen Mutterschaft Mariens sprechen. Nehmen wir zum Beispiel den Abschnitt im Markusevangelium (3:31-35), wo Maria und die Vettern von Jesus draußen sind, Jesus sehen wollen und deshalb sandten sie jemand zu Ihm und ließen Ihn rufen. Jesus antwortete mit der Frage: „Wer ist meine Mutter und wer sind meine Brüder?" Dann schaute Er auf die, die um Ihn herumsaßen, und sagte: „Das hier sind meine Mutter und meine Brüder. Wer den Willen Gottes tut, der ist für mich Bruder und Schwester und Mutter."

War Jesus mit dieser Antwort ein schlechter Sohn? Nein. Er war genau die Art von Sohn, wie Sein Vater ihn haben wollte. Gleichzeitig bereitete Er Seine Mutter darauf vor, wie Er wollte, dass sie sein sollte. Insbesondere offenbarte Er ihr das neue kindliche Band des Königreiches, das über die Bande des Fleisches hinausgeht. Mit anderen Worten, Er wies auf den Vorrang des Geistes gegenüber dem Fleisch hin, den Vorrang der übernatürlichen Vaterschaft Gottes gegenüber der natürlichen Vaterschaft (oder Mutterschaft) des Menschen. Es ist wahrscheinlich, dass Maria sofort etwas von dem erfasste, was Jesus ihr beizubringen versuchte. Schließlich hatte sie jahrelang in ihrem Herzen über eine weitere seltsame Antwort Jesu nachgedacht, die Er gab, als sie Ihn nach drei Tagen schmerzhafter Suche im Tempel fand: „Wusstet ihr nicht, dass ich in dem sein muss, was meinem Vater gehört?" (Lk 2:49).

Während Seines öffentlichen Wirkens war Jesus in der Tat vollkommen mit den Anliegen Seines Vaters beschäftigt. Nun, ein wichtiger Teil dieser Anliegen bestand darin, Seine Mutter auf ihre neue Rolle im Reich Gottes vorzubereiten. Jesus wusste, dass „sogar die »Mutterschaft« in der Dimension des Reiches Gottes, im Licht der Vaterschaft Gottes selbst, einen anderen Sinn erhält."[87] In den Worten, die wir vorhin bei Markus gelesen haben, weist Jesus auf diese Bedeutung hin: „Wer den Willen Gottes tut, der ist für mich Bruder und Schwester und Mutter." Wir können sicher sein, dass Maria dies in ihrem Herzen erwog und dass sie erkannte, dass Jesus sie mit diesen Worten nicht ablehnte, sondern sie vielmehr vorbereitete.

Können wir sicher sein, dass Jesus Maria nicht ablehnte? Ja, können wir. Auch wenn die Worte Jesu so klingen, als würde Er sie ablehnen, tut Er es nicht. Wenn wir eine ähnliche Stelle im Lukasevangelium (11:27-28) betrachten, ist es klar, dass Jesus Seine Mutter in Wirklichkeit *segnet*. In dieser anderen Stelle „erhob eine Frau aus der Menge ihre Stimme und rief ihm zu: Selig der Schoß, der dich getragen, und die Brust, die dich gestillt hat!" Jesus antwortet so ähnlich wie wir es bei Markus gelesen haben: „Ja, selig sind vielmehr, die das Wort Gottes hören und es befolgen." In der ersten Lesung mag dies wie eine Rüge an Maria erscheinen. Aber das ist es nicht. Denn wer hat das Wort Gottes gehört und es besser befolgt als Maria? Niemand. So segnet Jesus Seine Mutter wirklich und sie wird es erkannt haben.

Maria ist eine unglaublich einfühlsame Frau und sie achtete sehr auf jedes Wort und jede Handlung Jesu. Die Feinheiten Seiner Lehre entgingen ihr nicht und sie erkannte nach und nach das sich entfaltende Geheimnis ihrer eigenen einzigartigen Mutterschaft:

> Als sich aber allmählich vor ihren Augen und in ihrem Geiste die messianische Sendung des Sohnes klärte, öffnete sie selbst sich als Mutter immer mehr jener »Neuheit« der Mutterschaft, welche ihren »Anteil« an der Seite des Sohnes darstellen sollte. Hatte sie nicht von Anfang an gesagt:

»Ich bin die Magd des Herrn; mir geschehe, wie du es gesagt hast« (Lk 1: 38)? Im Glauben fuhr sie fort, jenes Wort zu hören und zu bedenken, ... Maria, die Mutter, wurde so in gewissem Sinn die erste »Jüngerin« ihres Sohnes, die erste, der Er zu sagen schien: »Folge mir nach«, ...[88]

Welch eine Freude muss es für Jesus gewesen sein, eine Jüngerin zu haben, die Ihn vollkommen verstand. Welch ein Trost für Sein Herz, eine solche Aufmerksamkeit für Gottes Wort zu finden!

Morgen werden wir mehr über Marias Aufmerksamkeit nachdenken und darüber, wie sie dazu führte, einen anderen Aspekt ihres „Parts" neben ihrem Sohn in Seinem Erlösungswerk zu entdecken. Dieser Part beinhaltet in der Tat, wie Johannes Paul schrieb, eine „neue Dimension ihrer Mutterschaft." So werden wir in Kana sehen, dass sie den Glauben der Jünger Jesu *gebiert*, indem sie Sein erstes Wunder einleitet, das durch ihre *mütterliche Aufmerksamkeit* für die menschliche Not entsteht.

Heutiges Gebet:

Komm, Heiliger Geist, der Du in Maria lebst.
Hilf mir, dem Herz-erwägenden Gebet treu zu sein,
so wie Maria es auch war.

25. TAG
Marias Exerzitien (2. Tag)

Gestern begannen wir „Exerzitien innerhalb unserer Exerzitien“, indem wir uns Marias Exerzitien anschlossen. Mit anderen Worten, wir begannen darüber nachzudenken, wie Jesus Maria darauf vorbereitete, ihre neue mütterliche Rolle im Reich Gottes zu verstehen und vollkommen anzunehmen. Heute setzen wir diese Exerzitien auf dem Hochzeitsfest in Kana fort, wo Marias mütterliche Mittlerschaft herrlich erstrahlt. Lass uns die Szene anschauen
(Joh 2:1-12).

Die Mutter Jesu ist auf einem Hochzeitsfest und auch Jesus und Seine Jünger sind eingeladen – vermutlich wegen Maria. Der Wein geht aus. Maria bemerkt dies und macht ihren Sohn darauf aufmerksam: „Sie haben keinen Wein mehr.“ Jesus scheint sie zu tadeln: „Was willst du von mir, Frau? Meine Stunde ist noch nicht gekommen.“ Dennoch sagt Maria zu den Dienern: „Was er euch sagt, das tut!“ Die Diener folgen dem Befehl Jesu, steinerne Wasserkrüge mit Wasser zu füllen. Dann wird das Wasser zum Wein und die Jünger glauben.

Lass uns nun tief Johannes Pauls Kommentar zu dieser Szene erwägen. Seine Worte kommen zum Kern der Rolle Mariens in unserem Leben und erklären, warum wir versuchen sollten, uns ihr zu weihen:

> Kana zeigt gewiss, dass sich in jenem Ereignis schon recht klar die neue Dimension, der neue Sinn der Mutterschaft Marias abzeichnet. … [E]s erweist sich konkret als neue Mutterschaft nach dem Geist und nicht nur aus dem

Fleisch, nämlich die Sorge Marias für die Menschen, ihre Hinwendung zu ihnen in der ganzen Breite ihrer Bedürfnisse und Nöte. Zu Kana in Galiläa wird nur ein konkreter Aspekt der menschlichen Bedürftigkeit gezeigt, scheinbar nur klein und von geringer Bedeutung (»Sie haben keinen Wein mehr«). Aber er hat symbolischen Wert: Jene Hinwendung zu den Bedürfnissen der Menschen bedeutet zugleich, sie in den Bereich der messianischen Sendung und erlösenden Macht Christi zu führen. Es liegt also eine Vermittlung vor: Maria stellt sich zwischen ihren Sohn und die Menschen in der Situation ihrer Entbehrungen, Bedürfnisse und Leiden. Sie stellt sich »dazwischen«, das heißt, sie macht die Mittlerin, nicht wie eine Fremde, sondern in ihrer Stellung als Mutter, und ist sich bewusst, dass sie als solche dem Sohn die Nöte der Menschen vortragen kann, ja sogar das »Recht« dazu hat. Ihre Vermittlung hat also den Charakter einer Fürsprache: Maria »spricht für« die Menschen. Nicht nur das: Als Mutter möchte sie auch, dass sich die messianische Macht des Sohnes offenbart, nämlich seine erlösende Kraft, die darauf gerichtet ist, dem Menschen im Unglück zur Hilfe zu eilen, ihn vom Bösen zu befreien, das in verschiedenen Formen und Maßen auf seinem Leben lastet.

… Ein anderes wesentliches Element dieser mütterlichen Aufgabe Marias kommt in den Worten an die Diener zum Ausdruck: »Was er euch sagt, das tut«. Die Mutter Christi zeigt sich vor den Menschen als Sprecherin für den Willen des Sohnes, als Wegweiserin zu jenen Voraussetzungen, die erfüllt sein müssen, damit sich die erlösende Macht des Messias offenbaren kann. Wegen der Fürsprache Marias und dem Gehorsam der Diener lässt Jesus in Kana »seine Stunde« beginnen. In Kana zeigt Maria ihren Glauben an Jesus: Ihr Glaube führt zum ersten »Zeichen« und trägt dazu bei, den Glauben der Jünger zu wecken.

> … [D]as Geschehen zu Kana in Galiläa bietet uns gleichsam ein erstes Aufleuchten der Mittlerschaft Marias, die ganz auf Christus bezogen und auf die Offenbarung seiner Heilsmacht ausgerichtet ist.[89]

Ich möchte einige wichtige Punkte aus dieser Passage hervorheben, die wir erwägen können. (1) Nicht aus Not, sondern durch Gottes Wahl hat „die Magd des Herrn", die den Willen des Vaters vollkommen tut, ein „Recht" als Mutter und Mittlerin, ihren Sohn auf die Bedürfnisse der Menschheit hinzuweisen. Sollten wir nicht auf eine so mächtige Mutter der Barmherzigkeit zurückgreifen, was unsere eigenen Bedürfnisse und Absichten betrifft? (2) Maria braucht Diener, die ihren Worten gehorchen: „Was Er euch sagt, das tut." Sind wir bereit, ihre Diener zu sein damit Jesus Seine „Stunde" in unserer Zeit beginnen kann? (3) Aus den Worten „Was Er euch sagt, das tut" geht hervor, dass Marias Rolle „ganz auf Christus ausgerichtet" ist und zur Offenbarung Seiner rettenden Macht hintendiert. Die Mittlerschaft Mariens steht also in Verbindung mit der einen Mittlerschaft Jesu Christi, unseres Erlösers und ist Ihm untergeordnet.

Heutiges Gebet:

Komm, Heiliger Geist, der Du in Maria lebst.
Erinnere mich daran, in meiner Not um Marias kraftvolle Fürsprache zu bitten.

26. TAG
Marias Exerzitien (3. Tag)

Gestern, bei der Hochzeit zu Kana, sahen wir ein herrliches Beispiel für Marias mütterliche Mittlerschaft. Nach diesem Ereignis dachte Maria sicherlich tief in ihrem Herzen darüber nach und entdeckte viel über ihre mütterliche Mittlerschaft. Doch Kana war nicht der wichtigste Punkt ihrer Vorbereitung. Der „krönende Moment" ihrer Vorbereitung – tatsächlich ihr vollkommener Höhepunkt – kam auf Golgota.

Auf Golgota leidet Maria mit Christus. Durch diesen Glauben „ist Maria vollkommen mit Christus in seiner Entäußerung verbunden." Und am Fuß des Kreuzes nahm Maria durch den Glauben teil an dem „erschütternden Geheimnis" dieser Entäußerung aus Liebe zu uns. Durch den Glauben „nimmt Maria teil am Tod des Sohnes – an seinem Erlösertod".[90] Vor Seinem Tod hat Jesus noch eine Lektion für Seine vollkommene Jüngerin, die Ihm bis zum Kreuz gefolgt ist und es ganz angenommen hat, mit Ihm zu leiden. Als Er sie am Fuße des Kreuzes neben Seinem geliebten Jünger Johannes stehen sieht, sagt Er: „Frau, siehe, dein Sohn!" Dann sagte er zu Johannes: „Siehe, deine Mutter!" (Joh 19:26-27). Mit diesen Worten gibt Jesus Maria jeden einzelnen und alle.[91]

Laut Johannes Paul ist diese »neue Mutterschaft Marias«, aus dem Glauben gezeugt, also eine *Frucht der »neuen« Liebe*, die in ihr unter dem Kreuz, durch ihre Teilnahme an der erlösenden Liebe des Sohnes, zur vollen Reife gekommen ist.[92] Diese „neue Liebe", sagt Johannes Paul, bewirkt tatsächlich eine „Umwandlung" in Marias Mutterschaft, sodass sie noch mehr mit Liebe für all jene brennt, für die Jesus gelitten hat und gestorben ist.

Diese Vorstellung, dass Maria am Fuße des Kreuzes eine neue, brennende Liebe zu den Seelen empfing, erinnert uns an Mutter Teresas tiefe Einsicht in Maria. Erinnere dich daran, dass Maria für Teresa diejenige ist, die sich die Worte Jesu „Mich dürstet" am tiefsten zu Herzen genommen hat und dass sie anderen hilft, sich diese auch zu Herzen zu nehmen. Wie auch immer, Johannes Paul reflektiert weiter über Marias Umwandlung in der Liebe:

> [U]nter dem Kreuz hat sich zugleich ihre mütterliche *Mitwirkung* an der gesamten Sendung des Heilandes mit ihren Taten und ihren Leiden vollzogen. Auf dem Weg dieser Mitwirkung beim Werk ihres Sohnes, des Erlösers, erfuhr die Mutterschaft Marias ihrerseits eine einzigartige Umwandlung, indem sie sich immer mehr mit einer »brennenden Liebe« zu all denjenigen anfüllte, denen die Sendung Christi galt. Durch eine solche »brennende Liebe«, die darauf gerichtet war, zusammen mit Christus die »Wiederherstellung des übernatürlichen Lebens der Seelen« zu wirken, ist Maria *auf ganz persönliche Weise in die alleinige Mittlerschaft zwischen Gott und den Menschen eingetreten, in die Mittlerschaft des Menschen Jesus Christus.*[93]

Auf Golgota ist Marias Vorbereitung beendet. Sie hat die volle Gabe ihrer universellen geistlichen Mutterschaft und Mittlerschaft erhalten, die eine einzigartige Zusammenarbeit in Christi Erlösungswerk und eine Teilhabe an Seiner Mittlerschaft ist.

Nach dem Tod Jesu am Kreuz hören wir erst am Tag vor Pfingsten, dass Maria ihre neue Mutterschaft ausübt, als die Apostel sich mit „den Frauen und Maria, der Mutter Jesu und Seinen

Brüdern“ (Apg 1:14) zusammen im Obergemach dem Gebet widmen. Johannes Paul kommentiert: „Wir sehen Maria mit ihren Gebeten die Gabe des Geistes erflehen, der sie schon bei der Verkündigung überschattet hatte.“[94] Er weist weiter darauf hin, dass Maria die „zurückhaltende, aber wesentliche Gegenwart“ sei, die ein Hinweis auf den Weg der »Geburt durch den Heiligen Geist« zuerst bei der Verkündigung und jetzt bei der Geburt der Kirche indiziert.

Marias neue geistliche Mutterschaft ist eng verbunden mit der Kirche, denn „»in mütterlicher Liebe wirkt sie mit bei der Geburt und Erziehung« der Söhne und Töchter der Mutter Kirche.“[95] Diese Geburt und Entwicklung hat ihre Quelle im sakramentalen Leben der Kirche, wo Marias mütterliche Mittlerschaft besonders präsent ist. Maria hält zum Beispiel sicherlich Fürsprache und ist aktiv mit ihrem Bräutigam, dem Heiligen Geist, wenn der Geist uns bei der Taufe zu Gliedern des Leibes Christi umwandelt. Darüber hinaus ist sie ebenso präsent und aktiv mit ihrem Bräutigam in der Hl. Messe, weil es bei der heiligen Eucharistie, bei der liturgischen Feier des Erlösungsgeheimnisses ist, das Christus mit seinem *wahren, aus der Jungfrau Maria geborenen Leib* gegenwärtig wird.[96] Aufgrund der zentralen Stellung der Eucharistie im christlichen Glauben und Leben ist Maria stets bestrebt, die Gläubigen zu ihr hinzuführen.

Während wir die heutige Reflexion beenden, die die dreitägigen „geistlichen Exerzitien von Marias Mutterschaft“ abschließen, sollten wir einen wichtigen Punkt im Auge behalten: Marias neue Mutterschaft ist keine vage oder abstrakte Sache. Sie ist konkret und persönlich. Und obwohl sie universell ist, ist sie auch äußerst speziell. Maria ist deine Mutter.

Sie ist meine Mutter. In diesem Licht hält es Johannes Paul für bedeutsam, dass Marias neue Mutterschaft auf Golgota in der Einzahl ausgesprochen wurde: „Siehe, dein Sohn" und nicht „Siehe deine Milliarden von geistlichen Kindern". Der Papst kommt zum Kern dessen, wenn er sagt: „Auch wenn ein und dieselbe Frau Mutter von vielen Kindern ist, kennzeichnet ihre persönliche Beziehung zu jedem einzelnen von ihnen wesentlich ihre Mutterschaft."[97] Kurz gesagt: Maria ist einzigartig, besonders, persönlich deine Mutter und meine Mutter und sie verliert uns in der Menge nicht.

Heutiges Gebet:

Komm, Heiliger Geist, der Du in Maria lebst.
Danke für das Geschenk meiner liebenden Mutter Maria.

27. TAG
Marianisches Vertrauen (Teil Eins)

Nun, da wir unsere dreitägigen Mini-Exerzitien mit Maria abgeschlossen haben, sollten wir ein klareres Gespür für Marias mütterliche Mittlerschaft haben. Diese mütterliche Mittlerschaft ist der Schlüssel, der die ganze Theologie der Marienweihe eröffnet. Und jetzt, da wir diesen Schlüssel haben, sind wir bereit, genau zu erfahren, was Johannes Paul mit der Marienweihe meint oder wie er es gewöhnlich nennt: „Sich Maria anvertrauen". Um damit zu beginnen, müssen wir zurück zum Fuß des Kreuzes gehen.

„Frau, siehe dein Sohn." Mit diesen Worten vertraut Jesus die ganze Menschheit der mütterlichen Fürsorge Mariens an. Er macht sie zur geistlichen Mutter aller. Und wie wir gestern erfuhren, nahm Maria dieses Geschenk „mit brennender Liebe" vollkommen an.

Als nächstes spricht Jesus zu Johannes, dem geliebten Jünger, der uns alle vertritt: „Siehe, deine Mutter." Jesus macht uns jetzt ein Geschenk, das große Geschenk Seiner Mutter als unsere geistliche Mutter. Nehmen wir dieses Geschenk an? Ja, zumindest versuchen wir es (sonst würden wir diese Exerzitien nicht machen). Aber wie nehmen wir es an? Das ist die entscheidende Frage.

Laut Papst Johannes Paul sagt uns der folgende Text des Evangeliums, wie wir Maria als unsere geistliche Mutter annehmen sollen: „Und von jener Stunde an nahm sie der Jünger zu sich" (Joh 19:27). Der Papst beschreibt diese Handlung mit einem Wort: „Vertrauen." Wir sehen ein Beispiel davon in der Person des Johannes, der sich Maria anvertraute, die von Christus selbst Johannes anvertraut wurde: „Siehe, deine Mutter." Das sich Anvertrauen von Johannes an Maria ist *seine Antwort auf Christi Anweisung vom Kreuz herab*, aber es ist nicht nur das. Es ist auch *eine Antwort auf Marias „brennender Liebe" für uns*: „Vertrauen ist *die Antwort* auf die Liebe einer Person und im Besonderen *auf die Liebe der Mutter.*" Johannes Paul fährt fort, die Natur dieses „sich Anvertrauens" an Maria zu beschreiben:

> Indem der Christ sich wie der Apostel Johannes Maria kindlich anvertraut, nimmt er die Mutter Christi »bei sich« auf und führt sie ein in den gesamten Bereich seines inneren Lebens, das heißt in sein menschliches und christliches »Ich«: »Er nahm sie zu sich«. Auf diese Weise sucht er in

> den Wirkungskreis jener »mütterlichen Liebe« zu gelangen, mit der die Mutter des Erlösers »Sorge für die Brüder ihres Sohnes trägt«, »bei deren Geburt und Erziehung sie mitwirkt« nach dem Maß der Gnadengabe, die jeder durch die Kraft des Geistes Christi besitzt. So entfaltet sich auch jene Mutterschaft nach dem Geist, die unter dem Kreuz und im Abendmahlssaal Marias Aufgabe geworden ist.[98]

Dieses sich Anvertrauen an Maria, das der Papst so wunderbar beschreibt als „bei sich aufnehmen“ sollte als Befolgung von Christi eigenem Beispiel verstanden werden – er vertraute sich zuerst selbst Maria bei der Verkündigung an und dann während des verborgenen Lebens – und als Sein Wille für Seine Jünger. Schließlich gibt Er selbst den Anstoß zu einem solchen Anvertrauen: „Siehe, deine Mutter.“ Aber warum tut Christus das? Will Er sich von uns entfernen? Nein. Er bringt uns näher zu sich selbst, indem Er uns zu derjenigen bringt, die Ihm am nächsten ist, dieselbe, die alles zu Ihm hinlenkt: „Was Er euch sagt, das tut.“

Maria möchte für alle wirken, die sich ihr als Kinder anvertrauen. „Es ist bekannt,“ sagt der Papst, „je mehr diese Kinder in einer solchen Haltung verharren und darin fortschreiten, desto näher führt sie Maria zu den »unergründlichen Reichtümern Christi“.[99] Ich wiederhole, dies ist so, sowohl wegen der einzigartigen Nähe Mariens zu Christus als auch wegen ihrer besonderen Rolle, die darin besteht, andere in die Vertrautheit zu bringen, die sie mit Ihm hat.

Morgen werden wir sehen, wie diese Nähe Mariens zu Christus, besonders in Seiner Selbsthingabe um unseretwillen, uns hilft, unsere eigene Weihe an Christus zu machen. Das ist der ganze Hintergrund, warum wir uns Maria anvertrauen: So kann sie uns durch ihre machtvollen Gebete und mütterliche Liebe noch näher zu Christus bringen.

Heutiges Gebet:

Komm, Heiliger Geist, der Du in Maria lebst.
Bereite mich darauf vor, mich ganz Maria anzuvertrauen,
damit sie mich näher zu Christus bringen kann.

28. TAG
Marianisches Vertrauen (Teil Zwei)

Kehren wir nach Fatima zurück, wo wir diese Woche angefangen haben – aber dieses Mal lass uns mit Johannes Paul II. gehen.

Genau ein Jahr nach dem Attentat auf dem Petersplatz ging Johannes Paul nach Fatima, um „dafür zu danken, dass die Barmherzigkeit Gottes und der besondere Schutz der Mutter Christi sein Leben gerettet hatten".[100] Bei dieser Gelegenheit hielt er eine von Herzen kommende Predigt, die eine reiche Quelle der Theologie der Marienweihe und des Vertrauens darstellt. Die gesamte Predigt und der Akt des Vertrauens sind zu lang, um hier zitiert zu werden, also werde ich sie kurz zusammenfassen. Insbesondere werde ich aus ihnen den Zusammenhang aufzeigen, den der Papst zwischen der Weihe an Maria, der Barmherzigkeit Gottes und der erlösenden Weihe Christi herstellt. Beginnen wir mit der Verbindung zwischen Maria und der Göttlichen Barmherzigkeit.

Bevor wir anfangen, ein paar Dinge über die Göttliche Barmherzigkeit: (1) Laut Johannes Paul ist die Göttliche Barmherzigkeit die Grenze, die Gott dem Bösen setzt, die Liebe Gottes angesichts des Bösen; (2) Die Göttliche Barmherzigkeit wird durch die durchbohrte Seite Christi und durch das Blut und Wasser symbolisiert, die von Seiner Seite entströmten. (3) Ein zentraler Teil der Andacht der Göttlichen Barmherzigkeit ist der Rosenkranz zur Göttlichen Barmherzigkeit, der Sühne leistet und Barmherzigkeit für unsere Sünden und die Sünden der ganzen Welt erbittet. Beachte im Folgenden, wie zentral diese drei Aspekte der Göttlichen Barmherzigkeit für die wichtigste Predigt des Papstes über die Marienweihe sind.

Der Kontext der Predigt ist das weit verbreitete, „fast apokalyptische" Übel unserer Zeit, ein Übel, das „droht", das sich „ausbreitet" und das sich „wie eine dunkle Wolke über der Menschheit" verbreitet. Der Papst gesteht, dass dieses Übel „Sorge" in seinem Herzen verursacht. Trotzdem findet er Hoffnung in „einer Liebe, die mächtiger ist als das Böse", die keine „Sünde der Welt" jemals überwinden kann. Diese Liebe nennt er „barmherzige Liebe".[101]

Und was ist mit dieser *barmherzigen* Liebe? Was hat das mit der Marienweihe zu tun? Alles. Es hat alles mit der Weihe zu tun, weil Maria diejenige ist, die uns zur Quelle der barmherzigen Liebe bringt. Maria ist diejenige, die uns zu der Liebe bringt, die mächtiger ist als das Böse. In der Tat bedeutet die Weihe an das Unbefleckte Herz, wie Johannes Paul in seiner Predigt sagt, „sich durch die Fürsprache der Mutter der Quelle des Lebens zu nähern, die auf Golgota entspringt."[102] Was ist diese Quelle des Lebens? Der Papst bezeichnet sie als „Quelle der Barmherzigkeit".[103] Es ist die durchbohrte Seite

Christi, aus der Blut und Wasser als Quelle der Gnade und Barmherzigkeit flossen. Und durch diese Wunde im Herzen Christi wird „ständig Genugtuung für die Sünden der Welt geleistet". Außerdem finden wir durch diese Quelle der Barmherzigkeit „eine unablässige Quelle neuen Lebens und neuer Heiligkeit".[104]

Der Papst erklärt weiter, dass die Weihe an das Unbefleckte Herz Mariens die „Rückkehr zum Kreuz des Sohnes" bedeutet. Es bedeutet, die Welt mit all ihren Problemen und Leiden zum „durchbohrten Herzen des Erlösers" und damit zur „Quelle Seiner Erlösung zurück zu bringen." Es bedeutet, die Welt durch Maria zur Göttlichen Barmherzigkeit zu bringen! Die Kraft der Erlösung, die Kraft der barmherzigen Liebe, „ist immer größer als die Sünde des Menschen und die Sünde der Welt" und „übersteigt unendlich alle Formen des Bösen im Menschen und in der Welt."

Nun, Maria kennt die Kraft der Erlösung und der barmherzigen Liebe besser als jeder andere. Johannes Paul sagt, sie wisse es „mehr als jedes andere Herz im ganzen Kosmos, dem sichtbaren und dem unsichtbaren." „Und deshalb ruft sie! Und zwar nicht nur zur Umkehr; sie ruft, dass wir uns von ihr, der Mutter, helfen lassen bei der Rückkehr zur Quelle der Erlösung." Die Aufgabe Marias ist es, uns zur Quelle der Barmherzigkeit, zur durchbohrten Seite Christi, zu Seinem barmherzigen Herzen zu bringen.

Sich Maria zu weihen bedeutet also im Wesentlichen, „sich von ihr helfen lassen bei der Überantwortung seiner selbst und der Menschheit, an Ihn, der heilig ist, unendlich heilig;"[105] Es bedeutet, dass wir uns derjenigen anvertrauen, die am ehesten mit der Weihe Christi verbunden war: „Sei gegrüßt, die du der erlösenden Weihe deines Sohnes dich ganz verbindest!“[106] Es bedeutet, dass wir uns den Gebeten Marias anvertrauen, damit sie „uns helfen kann, die ganze Wahrheit der Weihe Christi für die gesamte Menschheitsfamilie und die heutige Welt in ihrer ganzen Fülle zu leben!“[107] Mit anderen Worten, uns Maria zu weihen bedeutet, uns auf ihre mütterliche Fürsprache zu verlassen, um uns Christus vollständiger hingeben zu können in Seine eigene Weihe für unsere Erlösung.

Nachdem der Papst sich und die Welt in die Hände und das Herz Marias gegeben hat, nachdem er sich selbst derjenigen hingegeben hat, die mit der Weihe Jesu ganz und gar vereint ist, betet der Papst das Kernstück seines Aktes des Anvertrauens. Lass uns zum Schluss tief in unserem Herzen darüber nachdenken:

> *Gott hat die Welt so sehr geliebt, dass er seinen einzigen Sohn hingab, damit jeder, der an ihn glaubt, nicht zugrunde geht, sondern das ewige Leben hat (Joh 3,16).*
>
> *Diese Liebe hat bewirkt, dass der Gottessohn sich selbst geweiht hat. „Für sie heilige ich mich, damit auch sie in der Wahrheit geheiligt sind“ (Joh 17,19).*
>
> *Kraft dieser Weihe sind die Jünger aller Zeiten dazu berufen, sich für die Rettung der Welt einzusetzen und für den Leib Christi, die Kirche, zu ergänzen, was an seinen Leiden noch fehlt (vgl. 2 Kor 12,15; Kol 1,24).*
>
> *Vor dir, Mutter Christi, vor deinem Unbefleckten Herzen, möchte ich mich heute zusammen mit der ganzen Kirche*

unserem Erlöser in dieser seiner Heiligung für die Welt und die Menschen verbinden; nur in seinem göttlichen Herzen findet ja solche Heiligung die Kraft, Verzeihung zu erlangen und Sühne zu leisten.[108]

Heutiges Gebet:

Komm, Heiliger Geist, der Du in Maria lebst.
Ziehe mich in, mit und durch Maria zur Quelle
der Liebe und Barmherzigkeit.

Die letzten fünf Tage

Zusammenfassung und Rückblick

Vier Wochen lang haben wir darüber nachgedacht, worum es bei der Marienweihe geht – und wir haben viel Material behandelt. Während unser tägliches Gebetsprogramm zum Nachdenken über den Text uns geholfen hat, einige der Informationen zu verdauen, können wir immer noch tiefer gehen. Dazu brauchen wir das, was Papst Johannes Paul Marias „kluge Auffassungsgabe für die Erinnerung und das Umfassen in einem einzigen Blick des Glaubens“[109] nennt. Wir können diese „weise Fähigkeit“ entwickeln, indem wir das, was wir die ganze Zeit getan haben, fortsetzen, nämlich in unserem Herzen erwägen (siehe Lk 2:19), aber jetzt mit einem verfeinerten Fokus.

Um uns diesen präziseren Fokus zu geben, habe ich für jede Woche der Exerzitien drei Wörter ausgewählt, die die Lehren einer Woche zusammenfassen. In den nächsten vier Tagen werden wir uns jeden Tag mit drei Worten befassen und über deren Bedeutung für die Marienweihe nachdenken. Ich bin zuversichtlich, dass wir, wenn wir uns diesem verfeinerten Erwägen widmen, die Wahrheit der Marienweihe „in einem einzigen Blick des Glaubens“ erfassen können. Nach diesen vier Tagen finden wir eine Zusammenfassung von dem, was wir in einer einzigen Weiheformel gelernt haben, die darauf abzielt, die Essenz der Marienweihe zu erfassen.

29. TAG
Der Hl. Ludwig von Montfort

Drei Wörter fassen zusammen, was wir vom Hl. Ludwig von Montfort gelernt haben:
(1) Leidenschaft, (2) Taufe und (3) Geschenk. Lass uns nacheinander darüber nachdenken.

LEIDENSCHAFT
Denke daran, dass der Hl. Ludwig das feurige Temperament seines Vaters geerbt hatte. Dies hätte zu einer Katastrophe führen können, aber Ludwig weihte sich Jesus durch Maria. Er erlaubte Maria, sein Leben in die Hand zu nehmen und mit ihm zu tun, was sie wollte. Und was hat Maria mit ihm gemacht? Sie setzte ihn in Brand. Sie verwandelte seinen unheiligen Zorn in ein loderndes heiliges Feuer. Sie handelte mit ihrem Bräutigam, dem Heiligen Geist, um Ludwig mit Leidenschaft und Eifer für Christus zu erfüllen, und er setzte die gesamte Bretagne in Brand, mit der Liebe zu Jesus, der Mensch gewordenen Weisheit – und nicht nur die Bretagne. Von Montforts inspirierende Lehren gingen durch die Jahrhunderte und entzündeten Heilige, Päpste und sogar arme Sünder mit einer brennenden Liebe zu Gott.

Wir wurden vielleicht nicht mit dem feurigen Temperament vom Hl. Ludwig geboren, aber wir könnten alle einen Teil seines eifrigen Geistes gebrauchen. Wir alle könnten eine größere Ausgießung des Heiligen Geistes gebrauchen, der die Seelen in Flammen setzt und sie mit heiligem Feuer füllt. Wie laden wir dieses Feuer ein? Wie rufen wir es herab? Indem wir von Montforts Beispiel nachahmen, zu Maria zu gehen und mit Maria zusammen zu sein. Denn wie Ludwig selbst sagt: findet der Heilige Geist, Marias Bräutigam, eine mit Maria verbundene Seele: „dann eilt Er hin, geht ganz in diese Seele ein und teilt sich ihr mit Seiner Fülle mit, und zwar genau in dem Maße, in dem diese Seele Seiner Braut Eingang gewährt.“[110] Der Heilige Geist möchte seine Wunder auch in unserer Zeit vollbringen. Er möchte neue Heilige erziehen, große Heilige. Warum tut Er das dann so selten? Laut von Montfort liegt es daran, dass Er in uns selten eine ausreichend große Vereinigung mit Maria findet.

Mögen wir auf dieser letzten Strecke, die zum Tag der Weihe führt, mit großem Eifer losziehen, um uns ganz Maria hinzugeben und zuzulassen, dass der Heilige Geist zu uns eilt und uns mit heiliger Leidenschaft und Feuer erfüllt.

TAUFE

Der heilige Ludwig stellt seine Hingabe an Maria in das Geheimnis Christi. Das beste Beispiel dafür ist, dass er seine Weiheformel mit einer Erneuerung der Taufgelübde beginnt; denn bei der Taufe geht es nur um Christus. Bei der Taufe werden wir in Glieder des Leibes Christi verwandelt, was uns zu einem „anderen Christus“ macht.

Die Taufe hat auch mit dem Heiligen Geist zu tun. Ich sage das, weil es der Heilige Geist war, der Christus zuerst geformt hat, und es ist der Heilige Geist, der bei jeder Taufe weiterhin andere Christen – die Glieder des Leibes Christi – bildet.

Nun, wen benutzt der Heilige Geist, um Christus zu formen? Er benutzt Maria, obwohl Er sie nicht unbedingt braucht. So benutzte Er zum Beispiel Maria bei der Verkündigung, die zur Geburt Jesu Christi, unseres Erlösers, führte. Er benutzte Maria kurz vor Pfingsten, was zur Geburt des Leibes Christi, der

Kirche, führte. Er benutzt Maria bei jeder Taufe, die einen „anderen Christus" hervorbringt, die Glieder Seines Leibes. Der Heilige Geist benutzt Maria immer, um Christus zu gebären! Und je mehr Er eine Seele mit Maria vereint findet, „desto mehr kann Er in dieser Seele wirken, desto besser kann Er Christus in ihr hervorbringen und umgekehrt die Seele in Christus."[111]

Es ist daher angebracht, dass von Montfort uns unser Taufversprechen im Zusammenhang mit unserer Hingabe an Maria erneuern lässt. Denn es ist ihre Aufgabe, mit dem Heiligen Geist die Gnade der Taufe zu ihrer Erfüllung zu bringen. Die Taufe ist nicht das Ende; es ist ein wunderbarer Anfang, ein glorreicher neuer Morgen. Ja, sie verwandelt uns und macht uns zu Gliedern des Leibes Christi – aber es gibt noch mehr zu tun. Die Taufe ist eine Realität, die es aber noch nicht gibt. Sie macht uns bereits zu Christus (als Glieder Seines Leibes), aber wir sind noch nicht vollständig in Christus umgeformt. Nach der Taufe müssen wir noch in Christus hineinwachsen, und es ist Marias Aufgabe, dieses Wachstum mit dem Geist zu überwachen und zu fördern. Es ist also keine Frage von Montforts Hingabe an Maria, „uns von Christus wegzunehmen".[112] Marias gesamtes Ziel ist es, uns zu Christus zu führen und uns zu dem Punkt zu bringen, an dem wir mit dem heiligen Paulus sagen können: „Nicht mehr ich lebe, sondern Christus lebt in mir." (Gal 2:20). Das ganze Ziel vollkommener Hingabe an Maria ist unsere ständige Umwandlung nach der Taufe in Christus.

GESCHENK

Wenn wir nur den Mut haben, uns vollkommen Maria hinzugeben, werden wir die Marienweihe als ein unglaubliches Geschenk erleben. Mehr noch, je mehr wir uns ihr hingeben, desto mehr werden wir die Größe dieses Geschenkes erfahren.

Wir geben, und sie gibt uns unendlich mehr zurück. Wir geben ihr unser sündiges Selbst und sie gibt uns ihr Unbeflecktes Herz. Wir geben ihr unsere eigenen mageren Verdienste, und sie vergrößert und reinigt sie nicht nur mit ihrer vollkommenen Liebe, sondern verleiht uns ihre unendlich größeren Verdienste und Gnaden. Wir werden leer, nachdem wir ihr alles gegeben haben, und sie erfüllt uns mit dem Geist Gottes. Sie kümmert sich in unserem Namen um unsere Familie, Freunde und Angehörigen – sogar besser als wir selbst es können. Sie kümmert sich um unsere Bedürfnisse und ordnet jedes Detail unseres Lebens zur größeren Ehre Gottes. Der Weg der Heiligkeit mit ihr ist „ein Weg aus Rosen und Honig", verglichen damit, den Weg zu gehen, ohne ihr geweiht zu sein. In der Tat macht sie sogar unsere Kreuze und Prüfungen zu etwas Süßem. Außerdem schützt sie uns vor der Versuchung und den Angriffen des Bösen.

Zu Maria zu gehören ist der kürzeste, leichteste und sicherste Weg zu Jesus. Wenn wir uns vollkommen darüber im Klaren wären, wie großartig das Geschenk der Weihe an Jesus durch Maria ist, würden wir fast nie aufhören zu lächeln und Gott dafür zu preisen, dass Er es uns gegeben hat.

Heutiges Gebet:

Verbringe den Tag damit, über von Montforts marianische Lehre nachzudenken, wie diese drei Worte sie zusammenfassen: Leidenschaft, Taufe und Geschenk.

30. TAG
Der Hl. Maximilian Kolbe

Drei Worte fassen zusammen, was wir vom Hl. Maximilian Kolbe gelernt haben:
(1) Geheimnis, (2) Militia und (3) Liebe. Lass uns nacheinander darüber nachdenken.

GEHEIMNIS
Wer bist du, Unbefleckte Empfängnis? Der Hl. Maximilian gibt uns den Schlüssel zu diesem Geheimnis: Der Heilige Geist ist die *ungeschaffene* Unbefleckte Empfängnis, und Maria ist die *geschaffene* Unbefleckte Empfängnis. Sie ist vollkommen mit dem Heiligen Geist verbunden, weil sie ohne Sünde empfangen wurde, niemals gesündigt hat und immer den Willen Gottes vollkommen tut. Sie lässt zu, dass der Heilige Geist sie überschattet, ihre Seele in Besitz nimmt und Frucht durch sie trägt. Der Heilige Geist freut sich, immer in und durch Maria zu wirken, um alle anderen Geschöpfe zu retten, die nach Gottes Ebenbild geschaffen wurden, indem Er zuerst die Menschwerdung in ihrem Leib herbeiführt und sie dann dazu benutzt, das Bild ihres Sohnes in allen Getauften zu formen. Kolbe gibt uns zwar den Schlüssel zum Rätsel, erschließt es uns aber nicht vollständig. Er lädt uns vielmehr ein, über die Beziehung zwischen Maria und dem Heiligen Geist immer tiefer nachzudenken, eine Beziehung, die noch tiefer geht als die der Ehe.

MILITIA
Der Name „Maximilian" bedeutet „der Größte". Der Hl. Maximilian Kolbe erhielt diesen Namen, weil seine Vorgesetzten seine immensen natürlichen und spirituellen Gaben erkann-

ten. Er akzeptierte es, weil es seinem Herzen entsprach: „Ich möchte Gott nicht nur große Ehre geben, sondern die größte Ehre."

Kolbe erkannte, dass der beste Weg, Gott Ehre zu erweisen, darin besteht, sich mit dem Geschöpf zu vereinen, das Gott am vollkommensten verherrlicht, die Unbefleckte Maria. Er erkannte auch, dass der Weg, Gott die größte Ehre zu geben, nicht darin besteht, dies nur als eine Person zu tun, sondern eine ganze Armee („Militia") von Menschen zu haben, die Gott die größte Ehre geben. Tatsächlich wollte er, dass diese Armee der Unbefleckten („Militia Immaculatae") schließlich die ganze Welt dazu bringt, Gott durch sie und so bald wie möglich die größte Ehre zu erweisen.

Während das Ziel von Kolbes Programm die Bekehrung der ganzen Welt ist, fängt er bei sich selbst an. Man muss sich selbst zuerst ganz der Immaculata als ihr Gut und Eigentum hingeben und mit ihr vereint und völlig von ihr abhängig bleiben. Dann soll man andere dazu inspirieren, sich ihr hinzugeben und in völliger Abhängigkeit von ihr zu leben, damit sie sie als geweihte Werkzeuge nutzen kann, um die ganze Welt zum barmherzigen Herzen Jesu zu bringen.

„Durch die Immaculata werden wir den endgültigen Zweck der [Militia Immaculatae] erreichen, das heißt die größtmögliche Ehre für Gott."[113]

LIEBE

Kolbe war durch eine Abhängigkeit von Liebe mit Maria verbunden. Er sagt uns, dass auch wir die Immaculata lieben sollten. Wie? *Indem wir uns auf ihre mächtige Fürsprache ver-*

lassen, ihre zärtliche Fürsorge erfahren, von Herzen zu ihr sprechen, uns von ihr führen lassen, in allen Dingen auf sie zurückgreifen und ihr vollkommen vertrauen. Erinnere dich an seine Worte: „Meine lieben Brüder, unsere liebe kleine Mutter, die Unbefleckte Maria, kann alles für uns tun. Wir sind ihre Kinder. Wende dich ihr zu. Sie wird alles überwinden."[114]

Wenn wir Marias zärtliche Fürsorge für uns erleben, werden wir uns nur noch mehr in sie verlieben. Aber wir müssen mit ihr sprechen. Wir müssen sie bitten. Was aber, wenn wir auch nach vielen Anzeichen ihrer Liebe und Fürsorge keine Liebe für die Immaculata oder ihre Liebe zu uns empfinden? Kolbe erklärt:

> Mach dir keine Sorgen, dass du diese Liebe nicht fühlst. Wenn du den Willen hast zu lieben, gibst du bereits einen Beweis, dass du liebst. Was zählt, ist der Wille zur Liebe. Ein äußeres Gefühl ist auch eine Frucht der Gnade, aber es folgt nicht immer dem Willen. Manchmal, meine Lieben, kann sich der Gedanke einstellen, eine traurige Sehnsucht, als ob eine Bitte oder eine Klage aufkommt: „Liebt mich die Immaculata noch?" Sehr geliebte Kinder! Ich sage euch allen und jedem einzeln, in ihrem Namen (beachte das: in ihrem Namen!), sie liebt jeden von euch. Sie liebt dich sehr und in jedem Moment ohne Ausnahme. Dies … wiederhole ich für sie in ihrem Namen.[115]

Heutiges Gebet:

Verbringe den Tag damit, über Kolbes marianische Lehren nachzudenken, wie diese drei Worte sie zusammenfassen: Geheimnis, Militia und Liebe.

31. TAG
Die Hl. Mutter Teresa

Drei Wörter fassen zusammen, was wir von Mutter Teresa gelernt haben:
(1) Durst, (2) Herz und (3) Bund. Lass uns nacheinander darüber nachdenken.

DURST

… Maria war die erste Person, die Jesu Ruf „Mich dürstet" am Kreuz hörte, zusammen mit Johannes und sicher auch mit Maria Magdalena. Weil sie dort auf Kalvaria war, weiß sie wie tief Sein Verlangen und Sehnen nach Euch und den Armen ist. Und wir, kennen wir es? Fühlen wir es wie sie? Fragt sie, dass sie Euch lehren soll – … Ihre Aufgabe ist es, Euch wie Johannes und Maria Magdalena zum liebenden Herzen Jesu, des Gekreuzigten hinzuführen. Als erste war es die Muttergottes, die Mutter darin unterwies, jetzt ist es Mutter in ihrem Namen, Euch darin zu unterweisen; ich bitte Euch: Hört den Durst Jesu!

Lasst uns versuchen, auf besondere Weise dem Herzen Jesu so nahe zu kommen, wie es nur einem menschlichen Herzen möglich ist. Lasst uns versuchen, so intensiv wie möglich Jesu furchtbaren Schmerz zu verstehen, dem wir Ihm durch unsere Sünden verursachen und den Er durch Sein Dürsten nach unserer Liebe hat … Gott sei Dank war die Muttergottes dort, um voll und ganz das Dürsten Jesu nach Liebe zu begreifen. – Sie muss sofort gesagt haben: „Ich stille Deinen Durst mit meiner Liebe und dem Leiden meines Herzens."

Lass uns Unsere Liebe Frau bitten, das zu verstehen.

HERZ

Ein Schlüssel zu Mutter Teresas Verständnis von Weihe ist das „Herz“, speziell das Unbefleckte Herz. Erinnere dich an ihre beiden Gebete zu Maria: „Leihe mir dein Herz“ und „Halte mich in deinem allerreinsten Herzen“. Beginnen wir mit den beiden Gebeten und überprüfen dann Marias herzerwägende Haltung.

Leih mir dein Herz. Durch dieses Gebet bat Mutter Teresa Unsere Liebe Frau, ihr die Liebe ihres Herzens zu geben. Mit anderen Worten, sie sagt: „Maria, hilf mir, mit der vollkommenen Liebe deines Unbefleckten Herzens zu lieben.“ Denke daran, Mutter Teresa hatte den leidenschaftlichen Wunsch, den Durst Jesu nach Liebe zu stillen, und sie wollte dies auf die bestmögliche Weise tun. Wie könnte man Jesus besser lieben als mit dem vollkommenen, demütigen, unbefleckten Herzen Seiner Mutter? Hier fand Mutter Teresa das Geheimnis, um ihre Berufung in vollen Zügen zu leben: „Maria, leih mir dein Unbeflecktes Herz.“

Halte mich in deinem allerreinsten Herzen. Oder, genauer gesagt, man betet: „Unbeflecktes Herz Mariens, halte mich in deinem allerreinsten Herzen, damit ich Jesus durch dich, in dir und mit dir gefallen kann.“[116] Dieser Teil von Mutter Teresas Weihe an Maria ist der tiefste. Sie bittet nicht nur darum, dass Marias Herz in ihr ist, sondern dass sie in Marias Herz ist! Dies ist also ein Gebet, um Jesus durch Maria, in Maria und mit Maria zu lieben. Das ist mehr als nur, dass Maria uns ihr Herz leiht. Um dies zu verstehen und zu leben, bedarf es einer liebevollen Abhängigkeit von und einer tiefen Vereinigung mit Maria. Dies wird im nächsten Abschnitt „Bund“ ausführlicher zum Ausdruck gebracht.

Erwägendes Herz. Mutter Teresa entwickelte eine „Haltung der Dankbarkeit", indem sie dem Beispiel von Maria folgte, die immer „das Gute in ihrem Herzen erwog" das Gott in ihrem Leben tat (siehe Lukas 2:19, 51). Mutter Teresa folgte insbesondere diesem Beispiel durch ihre Treue zur Prüfung des Gewissens. Mit anderen Worten, am Ende eines jeden Tages dachte sie in ihrem Herzen über all die guten Dinge nach, die Gott an diesem Tag für sie getan hatte, und erwog, wie sie auf Seine Liebe vollständig antwortete oder nicht.

BUND

Bewegt von dem glühenden Wunsch, in der engsten Vereinigung, die in diesem Leben möglich ist, mit dir zu leben, um sicherer und vollkommener zu einer Vereinigung mit deinem Sohn zu gelangen: Ich verspreche hiermit, den Geist und die Bedingungen des folgenden Weihebundes so treu und großherzig zu leben, wie es mir möglich ist.

Marias Pflichten	**Meine Pflichten**
Mir von ihrem Geist und Herzen zu geben	Vollkommene Übergabe von allem, was ich habe und bin
Mich zu besitzen, zu beschützen und zu verwandeln	Vollkommene Abhängigkeit von ihr
Mich zu inspirieren, zu leiten und zu erleuchten	Empfänglichkeit für ihren Geist
Ihre Erfahrungen im Gebet und beim Lobpreis zu teilen	Treue zum Gebet
Verantwortung für meine Heiligung	Vertrauen auf ihre Fürsprache
Sie hat Verantwortung für alles, was mir widerfährt	Alles annehmen, als käme es von ihr
Mit mir ihre Tugenden zu teilen	Ihren Geist nachzuahmen
Für meine geistlichen und materiellen Bedürfnisse zu sorgen	Ständig Zuflucht bei ihr zu suchen

Einheit mit ihrem Herzen	Sich an ihre Gegenwart zu erinnern
Mich und meine Handlungen zu reinigen	Reinheit der Absicht; Selbstverleugnung
Recht, über mich zu verfügen, über meine Gebete, Fürbitten und Gnaden	Das Recht, mich für das Königreich ihrer und ihrer Kräfte zu bedienen
Totale Freiheit in und um mich herum, wie es ihr in allen Dingen gefällt	Das Recht, in ihr Herz einzutreten, um ihr Innenleben zu teilen

Heutiges Gebet:

Verbringe den Tag damit, über Teresas marianische Lehre nachzudenken, wie diese drei Worte sie zusammenfassen: Durst, Herz und Bund.

32. TAG
Der Hl. Papst Johannes Paul II.

Drei Worte fassen zusammen, was wir von Johannes Paul II. gelernt haben: (1) Mutter, (2) „Anvertrauens-Weihe" und (3) Barmherzigkeit.
Lass uns nacheinander darüber nachdenken.

MUTTER
Die Lehre des Hl. Johannes Pauls über die Marienweihe wird nicht nur durch seine Autorität als Papst getragen, sondern auch durch das maßgebliche Gewicht eines Ökumenischen Konzils, weil er die Lehre des Zweiten Vatikanischen Konzils über Maria wiederholt und vertieft. Daher ist seine Lehre heute das Herz und der Geist der Kirche, und wir sollten ihr

besondere Aufmerksamkeit schenken. Also, was sagen uns Geist und Herz der Kirche über Maria? Sie zeigen auf Marias mütterliche Vermittlung. Es heißt, sie ist unsere Mutter in der Ordnung der Gnade. Es ist das Verkünden der frohen Botschaft, dass Gott uns eine geistliche Mutter gegeben hat, die sich gebeterfüllt und liebevoll um unser Wachstum in Gnade und Heiligkeit kümmert. Diese neue Mutterschaft Marias im Leben der Kirche, im Leben eines jeden von uns, ist der beständige, tröstende und schöne Hintergrund für alles, was wir über die Weihe an Maria gesagt haben – oder wie Johannes Paul II. sie oft nennt: „Anvertrauen."

ANVERTRAUENS-WEIHE

Als Jesus Maria neben Seinem geliebten Jünger am Fuße des Kreuzes stehen sah, sagte er: „Frau, siehe, dein Sohn." Dann zu Johannes: „Siehe, deine Mutter" (Joh 19:26-27). Diese Worte fassen zusammen, was wir bereits im letzten Punkt behandelt haben: Maria ist unsere geistliche Mutter. Aber dann lesen wir den nächsten Vers: „Und von jener Stunde an nahm sie der Jünger zu sich." Hier ist das Herzstück unserer Antwort darauf, dass Jesus uns Maria als unsere Mutter anvertraut: Wir sollen uns ihr anvertrauen, indem wir sie „zu uns nehmen". Mit anderen Worten, wir sollen sie in unser inneres Leben mitnehmen, in alles, was uns betrifft. Wir sollen sie in unsere Freuden und Leiden, Hoffnungen und Ängste, Pläne und Aktivitäten lassen.

Wenn wir Maria in unser Leben lassen, wenn wir uns ihrer Fürsorge anvertrauen, steht sie für uns ein, tröstet uns und gibt uns Mut und Kraft, uns stärker mit Jesu eigener Weihe für das Leben der Welt zu vereinen. Mit anderen Worten, sie bringt uns zum Kreuz Jesu, was die letzte Bedeutung von Jesu

Weihe Seiner selbst ist, und sie inspiriert uns, uns für das Heil der Welt einzusetzen, um unseren Teil am Erlösungswerk zu übernehmen. Wenn wir unser Kreuz auf uns nehmen, während wir in Christi Weihe leben, können wir geistlich durstig, trostlos und müde werden. Dann trägt uns Maria zur durchbohrten Seite Christi, der Quelle der Barmherzigkeit, wo wir eine unablässige Quelle der Kraft und Heiligkeit finden.

So führt uns, nach Ansicht des Hl. Johannes Paul, das Anvertrauen an Maria zu unserer Weihe an Christus. Mit anderen Worten, man könnte sagen, dass es sich um eine Art „Anvertrauens-Weihe“ handelt.

BARMHERZIGKEIT

Im Grunde genommen führt uns die Marienweihe zur Göttlichen Barmherzigkeit. Weiheakte an das Unbefleckte Herz Mariens führen uns zu Akten des Vertrauens auf das barmherzige Herz Jesu. Wir sehen dies in der Geschichte von Fatima und Papst Johannes Paul II. und insbesondere in der Predigt des Papstes während seiner Pilgerreise nach Fatima im Jahr 1982, einer Pilgerreise des Dankes „an die Barmherzigkeit Gottes … und der Mutter Christi“ für die Rettung seines Lebens.

In dieser Predigt wies der Heilige Johannes Paul II. Wiederholt darauf hin, wie uns die Marienweihe zum durchbohrten Herzen Jesu, der Quelle der Barmherzigkeit, führt. Diese Verbindung ist Teil des Willens Jesu selbst, der Sr. Lucia 1936 sagte, dass er die Weihe an Marias Herz will, „weil ich möchte, dass meine ganze Kirche diese Weihe als Triumph des Unbefleckten Herzens Mariens anerkennt, damit sie später seine Verehrung ausdehnt und die Andacht an dieses Unbefleckte Herz neben der Andacht an Mein Heiligstes Herz setzt.“[117] Jesus möchte die Verehrung und Andacht an das Unbefleckte Herz Mariens ausdehnen, weil sie uns am vollkommensten zu Ihm führt und uns hilft, die unendliche Barmherzigkeit Seines Herzens zu empfangen.

Heutiges Gebet:

Verbringe den Tag damit, über die Marienlehre des Hl. Johannes Pauls II. nachzudenken, wie sie diese drei Worte zusammenfassen: Mutter, „Anvertrauens-Weihe" und Barmherzigkeit.

33. TAG
Alles zusammengefasst

In den letzten vier Tagen haben wir auf die letzten vier Wochen unserer Exerzitien zurückgeschaut. In diesen Tagen haben wir nicht nur auf den Stoff geschaut, sondern auch begonnen, alles zusammenzufassen, was wir gelernt haben. Ich sage, wir haben *angefangen*, es zusammenzufassen. Wir sind wahrscheinlich noch nicht an einem Punkt angelangt, an dem wir die vielfältige Wahrheit der Marienweihe „in einem Blick" erfassen können, wie es Johannes Paul ausdrückte. Um an diesen Punkt zu gelangen, kann eine einheitliche Erklärung hilfreich sein, etwa das „Erste Prinzip und das Fundament", das der Hl. Ignatius von Loyola erfunden hat, um seine Spiritualität zusammenzufassen und zu verdeutlichen und zu fokussieren.

Ich denke, wir brauchen mehr als nur eine Erklärung. Wir brauchen ein Gebet, das wir oft wiederholen können, sogar jeden Tag, das uns nicht nur an die Bedeutung unserer Weihe erinnert, sondern das tatsächlich das Geschenk von uns selbst an Jesus durch Maria ausdrückt.

Während einige der Heiligen, von denen wir in den letzten Wochen gelernt haben, hervorragende Gebete oder „Weiheformeln" geschrieben haben, werde ich ihre Formeln hier nicht vorstellen. (Wenn du interessiert bist, habe ich sie in Anhang 1 eingefügt.) Stattdessen werde ich ein aktualisiertes Weihegebet präsentieren, das die wichtigsten Erkenntnisse, die wir während der Exerzitien behandelt haben, kombiniert. Obwohl ich kein Heiliger bin, bin ich zuversichtlich, dies tun zu dürfen, weil ich tatsächlich die Worte und Ideen aller vier Marienheiligen unserer Exerzitien verwende. Darüber hinaus fühle ich mich ermutigt, dieses neue Gebet zu verfassen, und zwar aufgrund der Worte von Papst Pius XII. anlässlich der Heiligsprechung vom Hl. Ludwig von Montfort:

> Die wahre Andacht, ... zielt wesentlich nach der Vereinigung mit Jesus unter der Führung Marias. Form und Übung dieser Andacht können je nach Zeit, Ort oder persönlichen Neigungen ändern. Innerhalb der Grenzen der gesunden und sicheren Lehre, der Rechtgläubigkeit und der Würde des Kultes lässt die Kirche ihren Kindern den gebührenden freien Spielraum. Sie ist sich übrigens bewusst, dass die wahre und vollkommene Verehrung der seligsten Jungfrau nicht derart an diese Formen gebunden ist, dass eine von ihnen die Alleinberechtigung vor den andern beanspruchen könnte.[118]

Inspiriert von diesen Worten und indem ich mir die Freiheit nehme, die der Papst uns gibt, biete ich das folgende aktualisierte Weihegebet an, das darauf abzielt, das Wesentliche dessen zu erfassen, was wir während unserer Exerzitien gelernt haben. Nun, wenn es nicht zu deiner persönlichen Neigung passt, mache dir keine Sorgen. Du kannst dir jederzeit die Freiheit nehmen, dein eigenes Gebet zu schreiben oder eines der von den Heiligen geschriebenen zu verwenden. Wie auch immer, hier ist eine Zusammenfassung dessen, was wir gelernt haben, eine Erklärung, die auch ein Gebet von Herzen ist:

> Ich, ____________________, ein reuiger Sünder, erneuere und bekräftige heute in deine Hände, O Unbefleckte Mutter, meine Taufgelübde. Ich widersage dem Satan und entschließe mich, Jesus Christus noch enger zu folgen als bisher.
>
> Maria, ich gebe dir mein Herz. Bitte fülle es mit brennender Liebe für Jesus. Mache es immer achtsam für Seinen brennenden Durst nach Liebe und nach Seelen. Halte mein Herz in deinem allerreinsten Herzen, damit ich Jesus und die Glieder Seines Leibes liebe mit deiner vollkommenen Liebe.
>
> Maria, ich vertraue mich dir ganz an: meinen Leib und meine Seele, meine Güter, sowohl die inneren als auch die äußeren und sogar den Wert aller meiner guten Taten. Bitte mache aus mir, aus allem, was ich bin und habe, was immer dir am meisten gefällt. Lass mich in deinen unbefleckten und barmherzigen Händen ein angepasstes Werkzeug sein, um Gott die größtmögliche Ehre zu geben. Wenn ich falle, führe mich zu Jesus zurück. Wasche mich im Blut und Wasser, das aus Seiner durchbohrten Seite fließt und hilf mir, nie mein Vertrauen in diese Quelle der Liebe und Barmherzigkeit zu verlieren.

Mit dir, O Unbefleckte Mutter – die du immer den Willen Gottes erfüllt hast – vereinige ich mich mit der vollkommenen Weihe Jesu, so wie Er sich im Geist dem Vater hingibt für das Leben der Welt. Amen.

Morgen wirst du dich ganz Jesus durch Maria weihen (oder deine Weihe erneuern). Und das ist großartig! Dazu benötigst du jedoch ein Weihgebet. Egal, ob du das gerade vorgestellte, eines von den Heiligen oder eines von dir selbst verfasstes verwendest, ich ermutige dich, heute über seine Bedeutung nachzudenken. Eine solche Meditation über das Gebet der Weihe ist eine perfekte Vorbereitung für den Tag der Weihe.

Übrigens, vielleicht magst du im Voraus den ersten Abschnitt der morgigen Lesung mit dem Titel „Vor der Weihe“ lesen.

Der Tag der Weihe

Ein glorreicher neuer Morgen

Vor der Weihe

Herzlichen Glückwunsch! Du hast es zum Weihetag geschafft. Jetzt mache dich bereit für einen neuen glorreichen Morgen in deinem geistlichen Leben. Natürlich bist du schon bereit. Du hast dich in den letzten 33 Tagen auf diesen Moment treu vorbereitet. So, hier sind nur drei Dinge, die ich dir auf dem Weg der letzten Vorbereitung empfehle: (1) eine gute Beichte – aber wenn du keine Zeit hast, es vor der Weihe zu tun, dann bitte den Herrn in deinem Herzen um Verzeihung für deine Sünden und nimm dir vor, so schnell wie möglich zur Beichte zu gehen. (2) Schreibe es nieder oder drucke das Weihegebet aus, so dass du es unterzeichnen kannst, nachdem du es gebetet hast. (3) Hole dir eine Wundertätige Medaille, die du um den Hals trägst, als Zeichen deiner Weihe – oder trage zumindest eine in deiner Geldbörse oder Brieftasche. (Siehe Erläuterung zur Wundertätigen Medaille in Anhang Zwei.) Ich wiederhole, diese drei Dinge sind Empfehlungen. Sie sind für die Weihe nicht zwingend notwendig.

Weihegebet

Okay, du bist bereit, deine Weihe zu machen. Jetzt brauchst du das richtige Gebet. Du kannst entweder das folgende Gebet verwenden, eines von den Heiligen, oder eines, das du selbst schreibst. Welches Gebet du auch immer verwendest, ich empfehle, dass du es nach der Hl. Messe betest, an der du teilnimmst oder sogar nach dem Empfang der Heiligen Kommunion (wenn dann Zeit ist). Wenn du nicht zur Hl. Messe gehen kannst, kannst du immer noch die Weihe machen – die Hl. Messe ist sehr zu empfehlen, aber nicht unbedingt erforderlich. Mit oder ohne Hl. Messe, nachdem du das Weihegebet gebetet hast, schlage ich vor, dass du es unterschreibst, es datierst und es an einem sicheren Ort aufbewahrst. (Wenn ich jährlich meine Weihe erneuere, bete ich es am liebstem vom Originalformular und dann unterschreibe und datiere ich es wieder neu.) Wie auch immer, ich wiederhole es noch einmal, hier ist das *33 Tage zum Morgen-Gloria* Weihegebet, das die wichtigsten Gedanken unserer vier marianischen Giganten zusammenfasst:

> Ich, ____________________, ein reuiger Sünder, erneuere und bekräftige heute in deine Hände, O Unbefleckte Mutter, meine Taufgelübde. Ich widersage dem Satan und entschließe mich, Jesus Christus noch enger zu folgen als bisher.
>
> Maria, ich gebe dir mein Herz. Bitte fülle es mit brennender Liebe für Jesus. Mache es immer achtsam für Seinen brennenden Durst nach Liebe und nach Seelen. Halte mein Herz in deinem allerreinsten Herzen, damit ich Jesus und die Glieder Seines Leibes liebe mit deiner vollkommenen Liebe.
>
> Maria, ich vertraue mich dir ganz an: meinen Leib und meine Seele, meine Güter, sowohl die inneren als auch die äußeren und sogar den Wert aller meiner guten Taten. Bitte mache aus mir, aus allem, was ich bin und habe, was immer dir am meisten gefällt. Lass mich in deinen unbefleckten und barmherzigen Händen ein angepasstes Werkzeug sein, um Gott die größtmögliche Ehre zu geben. Wenn ich falle, führe mich zu Jesus zurück. Wasche mich im Blut und Wasser, das aus Seiner durchbohrten Seite fließt und

hilf mir, nie mein Vertrauen in diese Quelle der Liebe und Barmherzigkeit zu verlieren.

Mit dir, O Unbefleckte Mutter – die du immer den Willen Gottes erfüllt hast – vereinige ich mich mit der vollkommenen Weihe Jesu, so wie Er sich im Geist dem Vater hingibt für das Leben der Welt. Amen.

Nach der Weihe

Was kommt nachdem wir unsere Marienweihe gemacht haben? Viele Gnaden und ein glorreicher neuer Morgen! Aber wenn der Morgen in den Tag übergeht, fragen wir uns, wie wir unsere Weihe denn leben können. Machen wir sie mal eben und vergessen sie dann? Nein. Die folgenden drei Punkte werden uns helfen, sie bis zur Fülle zu leben: Erneuerung, Gesinnung und Hingabe.

Erneuerung

Der Hl. Ludwig von Montfort empfiehlt, dass wir unsere Weihe mindestens einmal im Jahr am gleichen Tag erneuern, obwohl ich uns ermutige, es noch häufiger zu tun. Papst Johannes Paul erneuerte seine Weihe an Maria *jeden Tag*. Für die tägliche Erneuerung können wir dasselbe volle Gebet verwenden, das wir am Weihetag gebetet haben oder wir können eine kürzere Version beten, so wie diese:

Maria, meine Mutter, ich gebe mich dir vollkommen hin als dein Gut und Eigentum. Bitte mache aus mir, aus allem, was ich bin und habe, was dir am meisten gefällt. Lass mich in deinen unbefleckten und barmherzigen Händen ein angepasstes Werkzeug sein, um Gott die größtmögliche Ehre zu geben.

Eine weitere Möglichkeit, unsere Marienweihe zu erneuern und sogar zu vertiefen kann dadurch geschehen, dass diese Exerzitien, *33 Tage zum Morgen-Gloria*, mit einer Gruppe (oder in Gruppen) in deiner Pfarrei gemacht werden. Die Gruppenexerzitien, welche ein Exerzitien-Begleitheft und eine Begleit-DVD enthalten, sind eine großartige Möglichkeit, unser Verständnis für die Marienweihe zu bereichern. Die Gruppenexerzitien sind auch die erste Stufe einer Evangelisierungs- und Glaubensbildungsinitiative namens „Herzen in Flammen“: Gemeinde-basierte Programme von den Marianern der Unbefleckten Empfängnis. Um mehr über diese Gruppenexerzitien zu erfahren, lies in den Informationsseiten am Ende dieses Buches. [Anmerkung der Übersetzerin: das gibt es zurzeit leider noch nicht in Deutsch.]

Haltung

Wie sollen wir unsere Weihe leben? Welche Art von „marianischer Haltung“ sollten wir haben? Dies ist schwer vollständig zu erklären und wird von Person zu Person unterschiedlich sein. Sogar unsere vier Heiligen unterscheiden sich darin, wie sie sie leben. Trotzdem teilen sie das Wesentliche.

Der Hl. Ludwig von Montfort sagt, dass es nicht ausreicht, sich nur einmal Maria hinzugeben und dann sind wir auf unserem Weg. Er glaubt, wir müssen in den Geist der Weihe eintreten, der eine innere Abhängigkeit von Maria erfordert.

Mit anderen Worten, er erklärt, dass wir alles „mit Maria, in Maria, durch Maria und für Maria"[119] tun sollten, um es umso vollkommener mit Jesus, in Jesus, durch Jesus und für Jesus zu tun. Von Montfort widmet sich vor allem der Idee „mit Maria" und beschreibt sie in einer Sprache, die der Hl. Maximilian Kolbe später übernehmen wird:

> Die wesentliche Praxis dieser Hingabe besteht darin, alle unsere Handlungen mit Maria auszuführen. … Wir müssen gewohnheitsmäßig auf Unsere Liebe Frau zurückgreifen, eins mit ihr werden und ihre Absichten übernehmen. Mit anderen Worten, wir müssen ein Werkzeug in Marias Händen werden, damit sie in uns handelt und mit uns tut, was sie will, zur größeren Ehre ihres Sohnes, und durch Jesus zur größeren Ehre des Vaters. Auf diese Weise verfolgen wir unser inneres Leben und machen geistliche Fortschritte nur in Abhängigkeit von Maria.[120]

Während Kolbe seine Weihe an Maria in ähnlicher Weise beschreibt wie dieses Zitat („Werkzeug in Marias Händen"), glaubt er, dass „keine feste Formel existiert", um die Weihe zu leben.[121] Er meint, dass Maria uns selbst beibringen muss, was es bedeutet: „Ich weiß weder theoretisch noch in der Praxis etwas darüber, wie man der Unbefleckten dienen kann. Sie allein muss jeden von uns in jedem Moment unterweisen und uns führen …"[122] Um Marias Anweisungen zu erhalten, müssen wir uns „durch demütiges Gebet" an sie wenden und über „die liebevolle Erfahrung" ihrer Fürsprache in unserem Alltag nachdenken.[123] Zusammengefasst, nach Kolbe, lernen wir die Haltung der Weihe, *indem wir uns auf Marias mächtige Fürsprache verlassen, ihre zarte Fürsorge erfahren, von Herzen zu ihr sprechen, uns von ihr führen lassen, in allen Dingen auf sie zurückgreifen und ihr vollkommen vertrauen.* Außerdem würde Kolbe sagen, dass unsere Weihe an Maria uns einen apostolischen Geist geben sollte, der andere zu der Weihe inspirieren sollte. Denn wie wir zuvor erfahren haben, ist die Marienweihe nicht nur der kürzeste, leichteste und sicherste Weg zur Heiligkeit für dich und für mich, sondern *für jeden* und somit der effizienteste Weg, die ganze Welt in Christus zu Gott zu bringen.

Für die Hl. Mutter Teresa ist das Ausleben der Marienweihe im Wesentlichen eine Haltung des Herzens. Genauer gesagt, es ist das Leben mit und in Marias Unbefleckten Herzen. Diese Haltung wird in ihrem „Weihebund", den wir zuvor gelesen haben, ausführlich beschrieben. Darüber hinaus, der Kontext für ihre gesamte Weihe besteht in einer Art Mitgefühl für Jesus, der nach Liebe und nach Seelen dürstet. Für Mutter Teresa bedeutet die Haltung, die Weihe zu leben, dass wir Maria erlauben, uns ans Kreuz Jesu zu bringen, uns still werden zu lassen, damit wir den schmerzhaften Durst Jesu hören können und, dass wir sie bitten, uns zu lehren, Jesus zu trösten mit ihrer eigenen reinen Liebe.

Papst Johannes Paul II. findet in den Worten aus dem Johannesevangelium heraus, wie wir unser Vertrauen in Maria ausleben sollen: „Und von jener Stunde an nahm sie der Jünger zu sich" (Joh 19:27). Mit anderen Worten, er versteht die Haltung des Vertrauens als das Einbringen von Maria in alles, was das innere Leben eines Menschen ausmacht. Als „Papst des Leidens" legt er auch eine „miterlösende" Betonung auf seine Theologie des marianischen Anvertrauens. Er tut dies, wenn er darauf hinweist, dass sie, die in Seiner erlösenden Weihe am Kreuz mit Christus am meisten vereint war, uns hilft, uns mit eben dieser Weihe zu vereinen. Mit anderen Worten, Maria hilft uns, unsere eigenen Kreuze „aufzuopfern"; sie erinnert uns daran, unser Leiden nicht zu verschwenden; und sie gibt uns den Mut, gemeinsam mit Christus „Miterlöser" zu sein (s. Kol 1:24) – natürlich auf eine Weise, die Christus untergeordnet und mit ihm vereint ist.[124]

Was wir an all diesen Heiligen sehen – wie auch immer sie es ausdrücken ist – dass wir uns Maria nähern, uns liebevoll auf sie verlassen, von Herzen zu ihr sprechen, Vertrauen in ihre mächtige Fürsprache haben und unsere Freuden, Sorgen und Leiden mit ihr teilen. Allerdings beruht die Hingabe an Maria nicht auf Gefühlen oder gar einer ständigen Achtsamkeit für Maria, so schön diese Achtsamkeit auch ist. Die richtige Einstellung derer, die Maria geweiht sind, ergibt sich nach dem Hl. Maximilian Kolbe nicht so sehr aus der Vernunft oder den Gefühlen, sondern aus dem Willen:

> Es ist überhaupt nicht notwendig, dass der Gedanke an die Immaculata in den Sinn kommt … denn das Wesen unserer Vereinigung mit ihr besteht nicht in Gedanken, Erinnerungen oder Gefühlen, sondern in unserem Willen.[125]
>
> Ich sage weiterhin: Wir gehören zu ihr, auch wenn wir dieses konkrete Opfer [einer besonderen Handlung für die] nicht ständig wiederholen, weil wir uns ihr einmal geweiht haben und unsere Weihe nie zurückgenommen haben.[126]
>
> [S]elbst wenn wir nicht daran denken ... [Maria] lenkt jede unserer Handlungen, bereitet alle Umstände vor, repariert die Schäden unserer Stürze und führt uns liebevoll zum Himmel und es gefällt ihr, uns überall gute Ideen, Gefüh-

le und Beispiele einzugeben, um Seelen zu retten und sie zum guten Jesus zu führen.[127]

So, während der Hl. Ludwig von Montfort sagt: „Wir dürfen niemals zu unserem Herrn gehen, außer durch Maria",[128] lehrt Kolbe uns, dass dies nicht immer eine bewusste Handlung sein muss. Er würde sicherlich sagen, dass es gut ist, sich ausdrücklich an Maria zu wenden, aber es ist nicht notwendig, dies jedes Mal zu tun, wenn wir uns an Jesus wenden. Er glaubt, dass wir, sobald wir uns Maria geweiht und eine gewohnheitsmäßige Abhängigkeit von ihr entwickelt haben, immer mit ihr zu Jesus gehen, auch wenn wir nicht daran denken. Es ist wie folgt: Nehmen wir an, ein Ehemann liebt seine Frau und muss auf Geschäftsreise gehen, weit weg von zu Hause. Während er reist, sich mit Kunden trifft und Berichte ausfüllt, ist seine Frau immer noch bei ihm, in seinem Herzen, auch wenn er nicht explizit an sie denkt. So ist es bei uns, wenn Maria in unseren Herzen ist.

Wenn wir voll und ganz Maria geweiht sind, wenn wir eine kindliche Abhängigkeit von ihrer mütterlichen Fürsorge entwickelt haben, ist sie immer bei uns, wenn wir beten, so wie Jesus immer bei uns ist, wenn wir zum Vater beten. Letzteres gilt zum Beispiel auch dann, wenn wir uns nicht ausdrücklich an Jesus wenden, wenn wir „Vater unser" sagen. Kolbes Hauptgedanke ist, dass der Vater, der Sohn und Maria immer mit dem Heiligen Geist vereint sind (während sie eines Wesens bleiben), sie leben nicht parallel nebeneinander. Vielmehr sind Jesus, Maria und der Heilige Geist immer vereint in einer Bewegung „aufwärts" zum Vater und wann immer wir uns einem von ihnen zuwenden, schließen wir uns allen in ihrer einen Aufwärtsbewegung an. Mit anderen Worten, sie stehen nicht im Wettbewerb, sie nehmen sich nichts voneinander weg. Sie bilden vielmehr eine Einheit und arbeiten als Team – wenn auch mit unterschiedlichen Rollen –, um alle zum Vater zurückzubringen.

Ich möchte einen wichtigen Punkt hervorheben, bevor wir zum Schluss kommen: Obwohl es wahr ist, dass die Auswirkungen der Marienweihe auch dann anhalten, wenn wir nicht an Maria denken, erfordert es einige Anstrengungen, die Weihe zu leben. Denn tiefe Beziehungen erfordern Kommunikation und Arbeit, und dies gilt definitiv für unsere Beziehung zu Maria. Der Teil „Kommunikation" bezieht sich darauf, eine liebevolle Abhängigkeit von ihr zu entwickeln und sich im Gebet an sie zu wenden, was wir bereits in diesem Abschnitt gelernt haben und worüber wir im nächsten noch mehr lernen werden. Der Teil „Arbeit" bezieht sich auf die Vermeidung von Sünde, die sowohl das Herz Jesu als auch Marias bricht. Lass mich deutlich werden: Ganz Maria geweiht zu sein bedeutet nicht, dass wir nicht immer noch sündigen werden. Dies bedeutet jedoch, dass wir eine aufrichtige Entschlossenheit haben sollten, um zumindest jede Todsünde zu vermeiden, und dass wir wirklich danach streben sollten, in Tugend und Heiligkeit zu wachsen. Dies ist ein so entscheidender Teil der Marienweihe, dass von Montfort, wie du dich erinnern wirst, sein Weihegebet mit einer Erneuerung unseres Taufversprechens beginnt, Satan (Sünde) zu widersagen und Jesus Christus enger nachzufolgen.

Als Zusammenfassung: wenn wir Maria vollkommen geweiht sind, wirkt sie in unserem Leben, vermehrt unsere guten Werke und kümmert sich um uns und unsere Lieben, auch wenn wir nicht an sie denken. Außerdem führt sie uns mit dem Heiligen Geist zu Jesus, unabhängig davon, ob wir an sie denken oder nicht. Das ist die Kraft ihrer Mutterschaft. Das ist die Kraft der Marienweihe! Aufgrund der Größe dieses Geschenkes sollten wir uns umso mehr bemühen, uns mit Maria zu vereinen und alles durch sie, mit ihr und in ihr zu tun. Zumindest aus Dankbarkeit sollten wir es uns zum Ziel setzen, eine Haltung der wachsenden Achtsamkeit und Abhängigkeit von ihr zu entwickeln. Doch hier sollte mehr am Werk sein, als nur Maria dankbar zu sein. Je mehr wir zu ihr gehören, desto mehr kann sie uns gebrauchen, um Gottes vollkommenen Willen zu verwirklichen. In der Tat, je mehr wir uns mit Maria vereinen, desto mehr kann sie uns in die tiefst mögliche Intimität mit Jesus bringen. Dies ist ein Geheimnis, das sie uns selbst beibringen wird. Eine Lektion, die wir mehr aus der Erfahrung ihrer liebevollen Fürsorge als aus dem Studium in Büchern lernen werden.

Andacht

Um unsere Haltung der liebevollen Abhängigkeit von Maria zu vertiefen, ist es eine gute Idee, Marienandachten zu praktizieren, insbesondere jene, die am meisten mit der Marienweihe zu tun haben. Hervorzuheben ist der Rosenkranz.

Der Rosenkranz fördert in uns die Haltung, die ich gerade im vorherigen Abschnitt beschrieben habe. Wenn wir den Rosenkranz beten, sollten wir uns auf die Geheimnisse des Lebens Jesu konzentrieren. Denn die „Ave Maria", die treu im Hintergrund fließen, fördern in uns die gewohnte Haltung, mit Maria zusammen zu sein, selbst wenn wir zu Jesus gehen. Mit anderen Worten, auch wenn wir nicht an die Worte jedes

Ave Maria denken, sind die Worte immer noch da und helfen uns, über Christus nachzudenken.

Andere Marienandachten, die im Anhang 2 behandelt werden, sind das Skapulier, die Wundertätige Medaille, der Rosenkranz der 10 Tugenden des Evangeliums und der Rosenkranz der sieben Schmerzen Mariens. Marienandachten, die nicht in Anhang 2 behandelt werden, die jedoch Erwähnung und eine kurze Beschreibung verdienen, sind Novenen, Ikonen, Wallfahrten, Festtage, Bruderschaften und geistliche Lesungen.

Novenen

Nach dem lateinischen Wort „*novem*", das neun bedeutet, hat eine Novene in der Regel eine neuntägige Gebetsdauer, um besondere Gnaden zu erlangen oder bestimmte Bitten zu erflehen. Novenen neigen dazu, ein Gefühl der Dringlichkeit zu vermitteln. Das Gebet, das neun Tage lang täglich gebetet wird, kann so einfach sein wie ein einziger Gruß an Maria oder so umfangreich wie die Lauretanische Litanei. Manchmal ist eine Absicht so dringend, dass wir nicht neun Tage Zeit haben, um zu beten. Vielleicht hast du gerade ein Vorstellungsgespräch bekommen, aber es ist für heute Nachmittag geplant! Vielleicht probierst du die „Spirituelle Schnellfeuerwaffe" der Hl. Mutter Teresa, bei der man zehn Memorare hintereinander betet. Mutter Teresa betete oft diese Novene, wenn große Probleme oder Schwierigkeiten auftraten, die eine sofortige Dosis Gnade erforderten. Es wird berichtet, dass sie oft wundersame Wirkungen erlebte, wenn sie sie betete.

Ikonen

Ikonen oder geschmackvolle Bilder oder Darstellungen von Jesus, Maria, den Engeln oder den Heiligen dienen dazu, unseren Geist und unser Herz Gott zuzuwenden, da sie uns an Seine Gegenwart und die liebevolle Fürsprache von Maria, den Engeln und den Heiligen erinnern. Im Jahre 787 erklärte das Zweite Konzil von Nicäa, dass heilige Bilder (einschließlich jener Mariens) verwendet und verehrt werden sollen. Wenn wir ein Bild verehren (sei es ein Bild, eine Statue usw.), geben wir ein Zeichen der Ehrfurcht gegenüber der Person, die das Bild darstellt. In unserem geschäftigen Leben können uns Bilder von Maria in unseren Häusern und sogar in unseren Autos daran erinnern, dass sie immer bei uns ist. Wir können unsere Lieblingsgebetskarten auch in einer Tasche oder Handtasche mitnehmen. Wenn du eine Gebetskarte (in Englisch) mit dem Bild von der Frontseite dieses Buches erwerben möchtest, schaue bitte auf die Anzeigen am Ende des Buches.

Pilgerreisen

Pilgerreisen führen uns vom Alltagsrhythmus und den Ablenkungen des Lebens zu einem gnadenreichen Ort des Gebets und der Begegnung mit dem Herrn. Es gibt viele Marienheiligtümer und Pilgerziele in den USA und auf der ganzen Welt.

Festtage

Jene, die Maria geweiht sind, sollten ihre Festtage mit besonderer Leidenschaft und Liebe feiern. Nach einem der Lieblingsphilosophen von Papst Benedikt XVI., Joseph Pieper, ist der wahre Mangel des Menschen „seine Unfähigkeit, ein Fest auf wahrhaft festliche Weise zu feiern." Er fährt fort:

> Um ein Fest zu feiern, müssen wir, wie jeder weiß, die Realität unseres Lebens und unserer Welt zuerst von ganzem Herzen akzeptieren und diese Akzeptanz dann zu besonderen Anlässen ausdrücken und in außergewöhnlichen Ritualen ausleben: das bedeutet es tatsächlich, ein „Fest zu feiern"![129]

Für diejenigen von uns, die Jesus durch Maria geweiht sind, ist ein großer Teil der „Realität unseres Lebens und unserer Welt" unsere Weihe, unsere Zugehörigkeit zu Gott durch die Muttergottes. Deshalb sollten wir, weil wir dies „von ganzem Herzen annehmen", bei „besonderen Anlässen" wie Marienfesten unsere Freude darüber ausdrücken, zu Maria zu gehören, und dies auf eine „außergewöhnliche" Weise ausleben. Wir sollten wirklich Marias Feste feiern, um unsere Freude darüber auszudrücken, durch sie zu Gott zu gehören.

Eine Liste der wichtigsten Marienfeste und weitere Informationen über die Marienfeste findest du in der folgenden Endnote.[130]

Eine Erläuterung der von Unserer Lieben Frau von Fatima eingeführten Andacht am „Ersten Samstag" findest du in dieser Endnote.[131] Die Hl. Messen am Samstag werden häufig zu Ehren der Sel. Jungfrau Maria gefeiert.

Bruderschaften

Eine Bruderschaft ist in der Regel eine freiwillige Vereinigung von Gläubigen, zu der eine gemeinsame Spiritualität und Zusammenarbeit bei bestimmten guten Werken gehört. Bruderschaften wurden im Mittelalter gegründet, als viele Laien am geistlichen Leben religiöser Orden teilhaben wollten. Die Bruderschaft der Unbefleckten Empfängnis der Seligsten Jungfrau Maria, die in der Kongregation der Marianer der Unbefleckten Empfängnis existiert, fördert die Andacht zur Unbefleckten Empfängnis Mariens, sodass ihre mütterliche Liebe stärken, trösten und die Herzen mit Freude füllen kann, dessen Quelle, ihr Sohn, Jesus Christus, unser Retter ist. Das äußere Zeichen der Zugehörigkeit zur Bruderschaft ist das blaue Skapulier. (s. Anhang Zwei, um mehr über die Skapulier-Andacht und wie man der Bruderschaft des blauen Skapuliers beitritt, zu erfahren.)

Geistliche Lektüre

Die Hl. Theresa von Avila schrieb einmal, dass sie 18 Jahre lang niemals ohne ein geistliches Buch zum Beten gegangen ist.[132] Geistliches Lesen kann für unser Gebetsleben von großem Nutzen sein und uns helfen, unsere Beziehung zu Maria zu vertiefen. Denn je mehr wir jemanden kennen, desto besser können wir ihn lieben. Das gebeterfüllte Lesen guter marianischer Bücher kann eine großartige Möglichkeit sein, Maria kennenzulernen. In der Tat möchten wir vielleicht, wie einige Heilige, zumindest samstags in die Praxis des Lesens marianischer Bücher einsteigen. (Samstage sind traditionell Maria gewidmet.) Hier sind einige Bücher über Maria (oder Marienheilige), die ich empfehle:

De Montfort, St. Louis, wahre Hingabe an Maria.
Hahn, Scott, Hagel, Heilige Königin: Die Muttergottes im Wort Gottes (NY: Doubleday, 2001).
Johannes Paul II., Papst, Enzyklika: Redemptoris Mater (Mutter des Erlösers, 1987).
Johannes Paul II., Papst, Apostolischer Brief: Rosarium Virginis Mariae (Rosenkranz der Heiligen Jungfrau Maria, 2002).

Anhang Eins

Gebete

Weihegebete

Morgen-Gloria Weihegebet

Ich, ____________________, ein reuiger Sünder, erneuere und bekräftige heute in deine Hände, O Unbefleckte Mutter, meine Taufgelübde. Ich widersage dem Satan und entschließe mich, Jesus Christus noch enger zu folgen als bisher.

Maria, ich gebe dir mein Herz. Bitte fülle es mit brennender Liebe für Jesus. Mache es immer achtsam für Seinen brennenden Durst nach Liebe und nach Seelen. Halte mein Herz in deinem allerreinsten Herzen, damit ich Jesus und die Glieder Seines Leibes liebe mit deiner vollkommenen Liebe.

Maria, ich vertraue mich dir ganz an: meinen Leib und meine Seele, meine Güter, sowohl die inneren als auch die äußeren und sogar den Wert aller meiner guten Taten. Bitte mache aus mir, aus allem, was ich bin und habe, was immer dir am meisten gefällt. Lass mich in deinen unbefleckten und barmherzigen Händen ein angepasstes Werkzeug sein, um Gott die größtmögliche Ehre zu geben. Wenn ich falle, führe mich zu Jesus zurück. Wasche mich im Blut und Wasser, das aus Seiner durchbohrten Seite fließt und hilf mir, nie mein Vertrauen in diese Quelle der Liebe und Barmherzigkeit zu verlieren.

Mit dir, O Unbefleckte Mutter – die du immer den Willen Gottes erfüllt hast – vereinige ich mich mit der vollkommenen Weihe Jesu, so wie Er sich im Geist dem Vater hingibt für das Leben der Welt. Amen.

Morgen-Gloria Weihegebet
(Kurze Version)

Maria, meine Mutter, ich gebe mich dir vollkommen hin als dein Gut und Eigentum. Bitte mache aus mir, aus allem, was ich bin und habe, was dir am meisten gefällt. Lass mich in deinen unbefleckten und barmherzigen Händen ein angepasstes Werkzeug sein, um Gott größtmögliche die Ehre zu geben.

Weihegebet vom Hl. Ludwig von Montfort

Ich, ________________, ein treuloser Sünder, erneuere und bekräftige heute in deine Hände meine Taufgelübde. Für immer widersage ich dem Satan, seiner Pracht und seinen Werken. Ich gebe mich ganz Jesus Christus hin, der menschgewordenen Weisheit, um mein Kreuz ihm nachzutragen alle Tage meines Lebens und ihm treuer zu sein, als ich es bisher war.

In Gegenwart des ganzen himmlischen Hofes erwähle ich dich heute, Maria, zu meiner Mutter und Gebieterin. Dir weihe und schenke ich als dein Gut und Eigentum meinen Leib und meine Seele, all meinen äußeren und inneren Besitz, ja selbst den Wert all meiner guten Werke, der vergangenen, gegenwärtigen und zukünftigen. Ganz und voll, ohne jede Ausnahme, sollst du das Recht haben, über mich und all das Meine nach deinem Gutdünken zu verfügen in Zeit und Ewigkeit zur größeren Ehre Gottes. Amen.

Weihegebet vom Hl. Maximilian Kolbe

O Immaculata, Königin des Himmels und der Erde, Zuflucht der Sünder, Mutter der Barmherzigkeit und unsere geliebteste Mutter! Ich, ________________, unwürdiger Sünder werfe mich zu deinen Füßen nieder und bitte dich flehentlich: Nimm mich ganz und gar als dein Gut und dein Eigentum an. Mach mit mir, was dir am meisten gefällt: mit allen Fähigkeiten meiner Seele und meines Leibes, mit meinem ganzen Leben, mit meinem Tod und meiner Ewigkeit. Wenn du es willst, so gebrauche mich auch, um das auszuführen, was von dir geschrieben steht: „Sie wird das Haupt der Schlange zertreten" und: „Du allein hast alle Irrlehren auf der ganzen Welt zunichtegemacht."

Lass mich in deiner unbefleckten und barmherzigen Hand ein geeignetes Werkzeug sein, um so viele abgeirrte und laue Seelen zu deiner Verehrung zu führen und auf diese Weise das milde Königtum des heiligsten Herzens Jesu so weit wie möglich zu verbreiten. Wo du eintrittst, da erflehst du die Gnade der Bekehrung und der Heiligung, denn durch deine Hände gelangen alle Gnaden vom Heiligsten Herzen Jesu zu uns.

V.: *Gewähre mir, dich zu preisen, o heiligste Jungfrau.*
A.: Gib mir Macht gegen deine Feinde.

Tröstende Weihe an Maria

Heute erneuere ich dir, Maria, meiner Mutter, meine vollkommene Weihe. Ich gebe dir mein ganzes Wesen, damit du mich dahin führen kannst, deinen Sohn mit dem vollkommenen

Trost zu trösten, den du Ihm spendest. Wenn ich Dich von diesem Tag an umarme, lieber Jesus, möge es mit den Armen Mariens geschehen. Wann immer ich Dich küsse, möge es mit den Lippen Mariens sein. Wann immer ich zu Dir singe, Dich lobe und Dir danke, möge es mit der Stimme Mariens sein. Jesus, kurz gesagt, jedes Mal, wenn ich Dich liebe, möge es mit dem Herzen Mariens sein. Amen.

Tröstende Weihe an Maria
(Kurze Version)

Maria, ich möchte heilig sein. Ich weiß, dass du auch willst, dass ich heilig bin und dass es deine gottgegebene Mission ist, mich dahin zu formen. Maria, in diesem Moment, an diesem Tag, entscheide ich frei, dir meine volle Erlaubnis zu geben, mit deinem Bräutigam, dem Heiligen Geist in mir zu wirken. Amen.

Andere marianische Gebete

Ave Maria

Ave Maria, voll der Gnade, der Herr ist mit dir. Du bist gebenedeit unter den Frauen, und gebenedeit ist die Frucht deines Leibes, Jesus. Heilige Maria, Muttergottes, bitte für uns Sünder jetzt und in der Stunde unseres Todes. Amen.

Sub tuum praesidium

(OR 12. Oktober 2018, S. 3)

Unter deinen Schutz und Schirm
fliehen wir, o heilige Gottesgebärerin;
Verschmähe nicht unser Gebet in unseren Nöten,
sondern erlöse uns jederzeit von allen Gefahren,
o du glorwürdige und gebenedeite Jungfrau.

Das Memorare

Gedenke, gütigste Jungfrau Maria, man hat es noch niemals gehört, dass jemand, der zu Dir seine Zuflucht nahm, deine Hilfe anrief, um deine Fürsprache flehte, von dir verlassen worden sei. Von solchem Vertrauen beseelt, nehme ich meine Zuflucht zu dir, Mutter, Jungfrau der Jungfrauen; zu Dir komme ich; vor Dir stehe ich seufzend als Sünder. Mutter des Wortes, verschmähe nicht meine Worte, sondern höre mich gnädig an und erhöre mich. Amen.

Salve Regina

Sei gegrüßt, o Königin, Mutter der Barmherzigkeit, unser Leben, unsre Wonne und unsere Hoffnung, sei gegrüßt! Zu dir rufen wir verbannte Kinder Evas; zu dir seufzen wir trauernd und weinend in diesem Tal der Tränen. Wohlan denn, unsre Fürsprecherin, wende deine barmherzigen Augen uns zu und nach diesem Elend zeige uns Jesus, die gebenedeite Frucht deines Leibes. O gütige, o milde, o süße Jungfrau Maria.

V.: Bitte für uns, O heilige Gottesgebärerin.
A.: Auf das wir würdig werden der Verheißungen Christi.

Der Angelus

(traditionell gebetet am Morgen, Mittag und Abend)

V.: Der Engel des Herrn brachte Maria die Botschaft,
A.: und sie empfing vom Heiligen Geist.
Ave Maria, ...

V.: Maria sprach: Siehe, ich bin die Magd des Herrn;
A.: mir geschehe nach deinem Wort.
Ave Maria ...

V.: Und das Wort ist Fleisch geworden
A.: und hat unter uns gewohnt.
Ave Maria ...

V.: Bitte für uns, heilige Gottesmutter (heilige Gottesgebärerin),
A.: (auf) dass wir würdig werden der Verheißungen Christi.

Lasset uns beten. Allmächtiger Gott, gieße deine Gnade in unsere Herzen ein. Durch die Botschaft des Engels haben wir die Menschwerdung Christi, Deines Sohnes, erkannt. Führe uns durch Sein Leiden und Kreuz zur Herrlichkeit der Auferstehung. Darum bitten wir durch Christus, unseren Herrn. Amen.

Regina Coeli

(gebetet in der Osterzeit anstelle des Angelus)

Freu dich, du Himmelskönigin, Halleluja.
den du zu tragen würdig warst, Halleluja,
Er ist auferstanden, wie er gesagt, Halleluja.
Bitt Gott für uns, Halleluja.
V.: Freu dich und frohlocke, Jungfrau Maria, Halleluja,
A.: denn der Herr ist wahrhaft auferstanden, Halleluja.

Lasset uns beten. Allmächtiger Gott, durch die Auferstehung Deines Sohnes, unseres Herrn Jesus Christus, hast Du die Welt mit Jubel erfüllt. Lass uns durch Seine jungfräuliche Mutter Maria zur unvergänglichen Osterfreude gelangen. Darum bitten wir durch Christus, unsern Herrn. Amen.

Alma Redemptoris

Erhabene Mutter des Erlösers,
du allzeit offene Pforte des Himmels
und Stern des Meeres,
komm, hilf deinem Volke,
dass sich müht, vom Falle aufzustehen.

Du hast geboren,
der Natur zum Staunen,
deinen heiligen Schöpfer.
Unversehrte Jungfrau,
die du aus Gabriels Munde
nahmst das selige Ave,
o erbarme dich der Sünder.

Ave Maris Stella
Gotteslob 1975

1. Meerstern, sei gegrüßet,
Gottes hohe Mutter,
allzeit reine Jungfrau,
selig Tor zum Himmel!

2. Du nahmst an das Ave
aus des Engels Munde.
Wend den Namen Eva,
bring uns Gottes Frieden.

5. Lös der Schuldner Ketten,
mach die Blinden sehend,
allem Übel wehre,
jeglich Gut erwirke.

3. Zeige dich als Mutter,
denn dich wird erhören,
der auf sich genommen,
hier dein Sohn zu werden.

4. Jungfrau ohnegleichen,
Gütige vor allen,
uns, die wir erlöst sind,
mach auch rein und gütig.

6. Gib ein lautres Leben,
sicher uns geleite,
dass wir einst in Freuden
Jesus mit dir schauen.

7. Lob sei Gott dem Vater,
Christ, dem Höchsten, Ehre
und dem Heilgen Geiste:
dreifach eine Preisung.
Amen.

Lauretanische Litanei

Herr, erbarme dich.
Herr, erbarme dich.
Christus, erbarme dich.
Christus, erbarme dich.
Herr, erbarme dich.
Herr, erbarme dich.
Christus, höre uns.
Christus, erhöre uns.
Gott Vater im Himmel,
erbarme dich unser.
Gott Sohn, Erlöser der Welt,
erbarme dich unser.
Gott Heiliger Geist,

erbarme dich unser.
Heilige Dreifaltigkeit, ein einiger Gott,
erbarme dich unser.

Heilige Maria, *bitte für uns*
Heilige Muttergottes *bitte für uns*
Heilige Jungfrau *bitte für uns*
Mutter Christi *bitte für uns*
Mutter der Kirche *bitte für uns*
Mutter der göttlichen Gnade *bitte für uns*
Mutter, du Reine *bitte für uns*
Mutter, du Keusche *bitte für uns*
Mutter, ohne Makel *bitte für uns*
Mutter, du viel Geliebte *bitte für uns*
Mutter, so wunderbar *bitte für uns*
Mutter des guten Rates *bitte für uns*
Mutter der schönen Liebe *bitte für uns*
Mutter des Schöpfers *bitte für uns*
Mutter des Erlösers *bitte für uns*
Du kluge Jungfrau *bitte für uns*
Jungfrau, von den Völkern gepriesen *bitte für uns*
Jungfrau, mächtig zu helfen *bitte für uns*
Jungfrau, voller Güte *bitte für uns*
Jungfrau, du Magd des Herrn *bitte für uns*
Du Spiegel der Gerechtigkeit *bitte für uns*
Du Sitz der Weisheit *bitte für uns*
Du Ursache unserer Freude *bitte für uns*
Du Kelch des Geistes *bitte für uns*
Du kostbarer Kelch *bitte für uns*
Du Kelch der Hingabe *bitte für uns*
Du geheimnisvolle Rose *bitte für uns*
Du starker Turm Davids *bitte für uns*

Du elfenbeinerner Turm *bitte für uns*
Du goldenes Haus *bitte für uns*
Du Bundeslade Gottes *bitte für uns*
Du Pforte des Himmels *bitte für uns*
Du Morgenstern *bitte für uns*
Du Heil der Kranken *bitte für uns*
Du Zuflucht der Sünder *bitte für uns*
Du Trost der Betrübten *bitte für uns*
Du Hilfe der Christen *bitte für uns*
Du Königin der Engel *bitte für uns*
Du Königin der Patriarchen *bitte für uns*
Du Königin der Propheten *bitte für uns*
Du Königin der Apostel *bitte für uns*
Du Königin der Märtyrer *bitte für uns*
Du Königin der Bekenner *bitte für uns*
Du Königin der Jungfrauen *bitte für uns*
Du Königin aller Heiligen *bitte für uns*
Du Königin, ohne Erbschuld empfangen *bitte für uns*
Du Königin, in den Himmel aufgenommen *bitte für uns*
Du Königin des heiligen Rosenkranzes *bitte für uns*
Du Königin der Familien *bitte für uns*
Du Königin des Friedens *bitte für uns*

Lamm Gottes, du nimmst hinweg die Sünde der Welt:
Herr, verschone uns.
Lamm Gottes, du nimmst hinweg die Sünde der Welt:
Herr, erhöre uns.
Lamm Gottes, du nimmst hinweg die Sünde der Welt:
Herr, erbarme dich.

Lasset uns beten.

Gütiger Gott, du hast allen Menschen Maria zur Mutter gegeben; höre auf ihre Fürsprache; nimm von uns die Traurigkeit dieser Zeit, dereinst aber gib uns die ewige Freude. Durch Christus, unsern Herrn.

A.: Amen.

Fatima Gebete

Mein Gott, ich glaube an Dich, ich bete Dich an, ich hoffe auf Dich und ich liebe Dich. Ich bitte Dich um Verzeihung für jene, die nicht an Dich glauben, Dich nicht anbeten, nicht auf Dich hoffen und Dich nicht lieben.

Heiligste Dreifaltigkeit, Vater, Sohn und Heiliger Geist, in tiefster Ehrfurcht bete ich Dich an und opfere Dir auf den kostbaren Leib und das Blut, die Seele und die Gottheit Jesu Christi, gegenwärtig in allen Tabernakeln der Erde, zur Wiedergutmachung für alle Schmähungen, Sakrilegien und Gleichgültigkeiten, durch die Er selbst beleidigt wird. Durch die unendlichen Verdienste Seines Heiligsten Herzens und des Unbefleckten Herzens Mariens bitte ich Dich um die Bekehrung der armen Sünder.

Anhang Zwei

Andachten

Der Rosenkranz

Einleitung

In diesem Abschnitt über den Rosenkranz möchte ich drei Dinge tun: (1) Lehren, was der Rosenkranz ist, (2) erklären, warum wir ihn beten sollten und (3) Anweisungen geben, wie man ihn betet.

Was ist der Rosenkranz?

Der Rosenkranz ist ein Werkzeug, das uns hilft, zu beten. Er besteht aus einer Schnur mit 59 Perlen, von denen jede einem bestimmten Gebet zugeordnet ist. Die meisten Perlen sind den Mariengebeten vorbehalten. Andere sind für das Vaterunser, Ehre sei dem Vater, usw. Aber der Rosenkranz ist viel mehr als die Summe dieser Gebete. Er führt uns tatsächlich in tiefe Meditation und Betrachtung des Antlitzes Christi. Darüber hinaus hilft er uns, die Schule Mariens zu betreten, die Jesus das Beten beigebracht hat und die uns lehren will, auch so zu beten. Hast du dich jemals gefragt, wie man betet? Der Rosenkranz bietet eine vollständige Art des Gebetes, der die drei Formen des Gebetes umfasst: mündliches Gebet, Meditation [betrachtendes Gebet] und sogar Kontemplation [Beschauung oder inneres Gebet].

Die Vollständigkeit, Einfachheit und Tiefe des Rosenkranzes fließen aus seiner Struktur. Er besteht aus 20 Gesetzen von 10 Ave Maria – oft als Dekade bezeichnet – unterbrochen vom Vaterunser, Ehre sei dem Vater und dem „O mein Jesus“ Fatima Gebet. Jedes der 20 Gesetze von 10 Ave Maria ist einem bestimmten Ereignis oder „Geheimnis“ aus der Heiligen Schrift gewidmet, das meditiert und betrachtet werden soll, während die Gebete gesprochen werden. Wenn man z. B. die 10 Ave Maria betet, kann man über die Geburt Jesu nachdenken und sie im Herzen erwägen.

Die 20 Ereignisse oder Geheimnisse des Rosenkranzes sind in vier Kategorien unterteilt: die Freudenreichen, Lichtreichen, Schmerzhaften und Glorreichen Geheimnisse, die zusammen eine vollständige Zusammenfassung des Lebens Jesu liefern. Nun mag es beängstigend erscheinen, über das ganze Leben Jesu auf einmal zu meditieren. Deshalb meditieren die meisten Menschen, die jeden Tag den Rosenkranz beten, nicht alle 20 Geheimnisse an einem Tag. Stattdessen brechen sie es herunter, indem sie jeden Tag ein Viertel des vollen Rosenkranzes beten (eine der vier Kategorien der Geheimnisse). Dies scheint durch eine Tradition in der Kirche gefördert zu werden, die sich bestimmte Tage der Woche dem Gebet eines der vier Kategorien der Geheimnisse des Rosenkranzes widmet:

- Montag und Samstag: Freudenreicher
- Dienstag und Freitag: Schmerzhafter
- Mittwoch und Sonntag: Glorreicher
- Donnerstag: Lichtreicher

Du wirst festgestellt haben, dass die Lichtreichen Geheimnisse nur einen Tag in der Woche gebetet werden, während die anderen Geheimnisse zwei Tage bekommen. Das mag daran liegen, dass die Lichtreichen Geheimnisse die Neuankömmlinge sind, die erst vor relativ kurzer Zeit (2002) von Papst Johannes Paul II. hinzugefügt wurden. In seinem wunderschönen Apostolischen Scheiben über den Rosenkranz, *Rosarium Virginis Mariae*, erklärt der Papst, warum er sie hinzugefügt hat. (Dieses Schreiben ist leicht online zu finden.[133])

Johannes Pauls Hinzufügung der Lichtreichen Geheimnisse war die erste große Änderung des Rosenkranzes seit die Kirche 1569 die heutige Form approbierte. Vor 1569 hatte der Rosenkranz eine Entwicklungsphase durchgemacht, die der ursprünglichen Inspiration folgte, die angeblich von der Hl. Mutter selbst dem Hl. Dominikus im 13. Jahrhundert gegeben wurde.

Warum den Rosenkranz beten?

Eine Frau wurde einmal gefragt, warum sie jeden Tag den Rosenkranz beten würde. Sie schaute einen Moment weg, blickte auf ihren Fragesteller zurück und antwortete: „Alles, was ich Ihnen sagen kann ist, wenn ich einen Rosenkranz bete, läuft der Tag und wenn ich es nicht tue, funktioniert nichts.“ Das stimmt. Es ist nicht wegen einer Art von Magie oder Aberglaube wahr. Es ist wegen Marias mütterlicher Fürsprache und der Kraft der Geheimnisse des Lebens Christi wahr.

Ich könnte hier viel Zeit verbringen, um zu beschreiben, wie ein Papst nach dem anderen alle Menschen ermutigt haben, den Rosenkranz zu beten, wie sie ihn als eines der mächtigsten Gebete bezeichnet haben, das es nach der Liturgie gibt und wie sie denen, die ihn beten eine Menge Ablässe geschenkt haben. Ich könnte auch eine Geschichte nach der anderen erzählen, wie dieser oder jener Heilige sich ganz dem Rosenkranzgebet widmete und ein Wunder nach dem anderen durch dieses Gebet geschehen ist. Anstatt jedoch auf all dies einzugehen, halte ich mich nur an drei Punkte auf: Maria, der Kampf des Gebetes und die Bedeutung der Geheimnisse.

MARIA. In den letzten zwei Jahrhunderten haben die Menschen mehr von der Kirche anerkannte Marienerscheinungen erlebt als in allen anderen Jahrhunderten zusammen. Warum solch ein Anwachsen? Wegen der Schwierigkeiten der Neuzeit. Maria ist auf die Erde gekommen und erscheint den Menschen in unserer Zeit, um vor schlechten Dingen zu warnen, die passieren werden, wenn die Menschen nicht umkehren und den Rosenkranz beten.

Unsere Hl. Mutter liebt ihre Kinder und will nicht, dass wir Katastrophen erleiden, also ermutigt sie uns, den Rosenkranz zu beten. Sie möchte, dass wir den Frieden in unseren Familien, Gesellschaften und Nationen erfahren, also bittet sie uns, den Rosenkranz zu beten. Sie wünscht sich, dass die Sünder bekehrt werden und die Menschen das reiche Leben in Christus erfahren, also sagt sie uns, dass wir den Rosenkranz beten sollen. Maria hat durch das Zeugnis der von der Kirche anerkannten Erscheinungen sehr deutlich gemacht, dass sie will, dass wir den Rosenkranz beten. In der Tat, manchmal fleht sie uns sogar mit Tränen in den Augen an, ihn zu beten. Das sollte uns reichen – aber es gibt noch mehr. Der Rosenkranz ist nicht nur ein Werkzeug für den Weltfrieden.

Das Rosenkranzgebet ist ein Ort, um Maria zu begegnen. Es ist eine der besten Möglichkeiten, die liebevolle Haltung der Abhängigkeit von ihr zu entwickeln, die wir während unserer Lektionen für den Weihetag gelernt haben. Da gibt es etwas beim Rosenkranzgebet, dass uns hilft, eine kindliche Haltung zu entwickeln zum zusammen sein mit Maria. Ich denke das hat mit dem friedvollen Rhythmus der Ave Maria zu tun. Wenn wir den Rosenkranz beten, ist das Ziel nicht so sehr, über die Worte des Mariengebetes selbst nachzudenken. Vielmehr sollen die Ave Maria eine Art „Hintergrundmusik" sein, die uns hilft, in die Betrachtung der Geheimnisse einzutreten. Diese Hintergrundmusik ist wie die sanfte Hand einer Mutter auf unseren Schultern, die hinter uns steht und uns dazu bringt, Jesus anzuschauen, Sein Gesicht zu betrachten und Ihn durch die Augen, die Gedanken und das Herz Seiner Mutter zu lieben. Das Beten des Rosenkranzes tut etwas mit der Seele. Es erlaubt Maria, uns nach dem Bild ihres Sohnes zu gestalten und zu formen. Papst Johannes Paul II. drückt es so aus:

Der Rosenkranz führt uns mystisch an die Seite Marias, die damit beschäftigt war, das menschliche Heranwachsen Jesu im Haus von Nazareth zu begleiten. Dies erlaubt ihr, auch uns mit derselben Sorgfalt zu erziehen und uns zu formen, bis Christus vollkommen in uns Gestalt angenommen hat.[134]

Mit der gleichen liebevollen Sorgfalt, die Christus selbst von Maria empfangen hat, zu Christus erzogen und geformt zu werden! Darum geht es bei der Marienweihe und deshalb sollten wir den Rosenkranz beten. Aber wie erzieht und formt uns Maria? Durch die Geheimnisse des Lebens ihres Sohnes und der Lektion ihrer eigenen demütigen, liebevollen und gefügigen Haltung vor der Majestät Gottes. Das Erwägen und das Leben der Geheimnisse des Rosenkranzes sind der Schlüssel zur Heiligkeit.

DER GEBETSKAMPF. Unglücklicher Weise können wir nicht immer vollständig in die Geheimnisse Christi eindringen, weil wir nicht beharrlich den Rosenkranz beten. Wir vergessen, dass, wie der *Katechismus der katholischen Kirche* lehrt, das Gebet ein echter Kampf sein kann.[135] Manchmal sind die Angriffe in diesem Kampf Trockenheit beim Rosenkranzgebet. Nun, wir sollten ihn weiter beten. Manchmal, wenn wir uns darauf vorbereiten, den Rosenkranz zu beten, spüren wir plötzlich eine Abneigung, Müdigkeit überkommt uns und unsere Gedanken sind bei eine Million anderen Dingen, die getan werden müssen. Wir sollten ihn weiter beten. Es ist wahr, manchmal haben wir dringende Pflichten, die wichtiger sind, als den Rosenkranz zu beten. Aber manchmal kann das, was wir tun „müssen", eine Versuchung und eine schlechte Ausrede sein, um den Rosenkranz nicht zu beten. Wieviel Zeit verschwenden wir beispielsweise für unnötige E-Mails, Web-Seiten im sozialen Netzwerk, Fernsehen und Telefonanrufe? Können wir nicht 20 Minuten von solchen zeitverschwendenden Aktivitäten abzwacken, um den Rosenkranz zu beten? Warum ist es manchmal so schwer, sich davon zu trennen und zu beten? Ich wiederhole, es ist so, weil das Gebet ein Kampf ist. Satan will nicht, dass wir in die Geheimnisse des Lebens Christi eindringen. Er möchte, dass wir selbstgefällig, lauwarm und faul bleiben. Er möchte, dass wir mit Mittelmäßigkeit zufrieden sind.

Die Geheimnisse des Lebens Christi sind mächtig und wir können ihre Macht empfangen, indem wir den Rosenkranz beten – aber damit dies geschieht, müssen wir ihn *gut* beten. Dies ist es, worauf ich hinaus will: Der Kampf beim Gebet endet nicht immer, wenn ich das Kreuzzeichen mache und beginne, den Rosenkranz zu beten. Der Kampf kann weitergehen und zu oft kämpfen wir nicht weiter, wenn wir den Rosenkranz beten. Wir geben den Zerstreuungen nach. Wir denken nicht über die Geheimnisse nach. Wir lassen unsere Gedanken umherirren. Natürlich sind Zerstreuungen im Gebet normal. Aber sind wir wachsam darin, dass wir wenigstens versuchen, konzentriert zu bleiben? Oder denken wir nur daran, den Rosenkranz so schnell wie möglich zu beenden, um zu „den wichtigen Dingen" zurückkehren zu können. Nein, der Rosenkranz ist außerordentlich wichtig und wir sollten uns bemühen, ihn noch besser zu beten. Eine Möglichkeit, die uns hilft, ihn besser zu beten besteht darin, das Schreiben über den Rosenkranz von Johannes Paul zu lesen, das ich vorhin erwähnt habe. Wenn wir es lesen, wird unsere Leidenschaft für diese gnadenvolle Form des Gebetes erneuert. Aber bevor du dich aufmachst, das Schreiben online zu finden, möchte ich diesen Abschnitt beenden, indem ich ein wenig mehr über die Geheimnisse des Lebens Jesu sage, die das Herzstück des Rosenkranzes sind.

DIE BEDEUTUNG DER GEHEIMNISSE. Die Geheimnisse des Lebens Jesu haben eine tiefe Bedeutung. Und sie sind so tief, weil Jesus so einzigartig ist. Natürlich ist Er *nicht* einzigartig, da Er in allen Dingen uns gleich ist (außer der Sünde) – mit anderen Worten, Er ist wahrer Mensch. Aber Er *ist* einzigartig, darin, dass Er wahrer Gott ist. Er ist der Gottmensch. Das ist etwas, das immer im Hinterkopf sein sollte, wenn wir über die Geheimnisse Jesu meditieren. Dieses Kind in Bethlehem, dieses Kind in Jerusalem, dieser Mann in Galiläa – Er ist Gott. Warum ist Er geboren? Warum ist Er im Tempel? Was versucht Er uns zu lehren? Diese Fragen sollten wir uns stellen, wenn wir den Rosenkranz beten. Nun, weil Jesus Gott ist, ist alles, was Er sagt und tut voll tiefer Bedeutung. Tatsächlich sind die Ereignisse Seines Lebens so voll tiefer Bedeutung, dass wir sie nicht ausschöpfen können. Deshalb nennen wir die Ereignisse „Geheimnisse". Ein Geheimnis bedeutet nicht, dass wir es nicht verstehen können. Es bedeutet, dass wir nie an die Grenze des Verstehens kommen können. Es gibt immer mehr Wunder zu entdecken. Es bereichert mich immer mehr! Es gibt unendliche, unerschöpfliche Schätze, die in jedem der Geheimnisse des Lebens Christi enthalten sind.

Etwas mehr noch über die Geheimnisse: Es sind einzigartige Ereignisse. Auch hier sind sie deshalb einzigartig, weil Jesus so einzigartig ist. Er ist Gott. Und das ist eine große Sache. In meiner vielleicht liebsten Stelle im gesamten *Katechismus der katholischen Kirche* erklärt die Kirche, was so einzigartig an den Ereignissen im Leben Jesu ist und warum sie so eine große Sache sind. Sie tut dies, wenn sie das österliche Geheimnis Jesu erklärt (Sein Leiden, Seinen Tod und Seine Auferstehung), aber das Folgende gilt für alle Ereignisse Seines Lebens:

> Sein Pascha-Mysterium, ein tatsächliches Ereignis, welches sich in unserer Geschichte ereignet hat, ist ganz und gar einmalig: Alle anderen Ereignisse geschehen einmal, dann gehen sie vorüber, versinken in der Vergangenheit. Das Pascha-Mysterium Christi hingegen kann nicht in der Vergangenheit bleiben, denn durch seinen Tod hat er den Tod besiegt. Alles, was Christus ist, und alles, was er für alle Menschen getan und gelitten hat, nimmt an der Ewigkeit Gottes teil, steht somit über allen Zeiten und wird ihnen gegenwärtig. Das Ereignis des Kreuzes und der Auferstehung ist etwas *Bleibendes* und zieht alles zum Leben hin.[136]

Dieses atemberaubende Kapitel fängt einen erstaunlichen Punkt über das Geheimnis von Zeit und Ewigkeit ein. Wenn Gott, der in Ewigkeit lebt, als das fleischgewordene Wort in die Zeit eintritt, könnte man sagen, dass die „Zeit sich verbeugt", weil es eine einzigartige historische Realität schafft, die auf mysteriöse Weise sowohl innerhalb als auch außerhalb der Zeit existiert. Wie der *Katechismus* lehrt, werden die Geheimnisse des Lebens Jesu *von der Vergangenheit nicht verschlungen*; vielmehr sind sie jetzt noch hier, lebendig – für uns. „Jesus Christus ist derselbe gestern und heute und in Ewigkeit"

(Heb 13:8). Diese Ereignisse im Leben unseres Erlösers haben in der „göttlichen Ewigkeit" teil an dem „ewigen Jetzt" Gottes. Sie sind wirklich präsent *in allen Zeiten*, für immer bleibend. Diese Realität verdient tiefe Meditation und jedes Geheimnis des Rosenkranzes ist eine Gelegenheit für eine solche Meditation und dafür, dass Christus voll und ganz gegenwärtig ist. Nehmen wir zum Beispiel ein Geheimnis des Rosenkranzes, um zu sehen, was hier vor sich geht. Lass uns über das fünfte Schmerzhafte Geheimnis, die Kreuzigung nachdenken.

Vor etwa 2000 Jahren war Jesus am Kreuz und starb qualvoll für unsere Sünden. Als dies geschah, waren Maria, der Hl. Johannes und die Hl. Maria Magdalena historisch bei Jesus unter dem Kreuz anwesend. Das bedeutet, dass sie buchstäblich, physisch da waren und sie konnten sehen, riechen, hören und fühlen, was um sie herum vor sich ging. Auch römische Soldaten waren dort zusammen mit jüdischen Priestern und Ältesten historisch präsent. Nun, weil die Ereignisse des Lebens Jesu *bleiben* und in allen Zeiten gegenwärtig sind, *können wir auch dort sein*. Natürlich können wir dort nicht historisch präsent sein – wir können nicht in einer Zeitmaschine zurückgehen und körperlich dort sein –, aber wir können immer noch wirklich präsent sein beim Sterben Jesu am Kreuz. In der Tat können wir noch präsenter bei Ihm sein als die römischen Soldaten und die jüdischen Priester und Ältesten. Wie das? Durch die Tugenden des Glaubens und der Liebe. Mit anderen Worten, wenn unser Herz zum *Glauben* und zur *Liebe* bewegt wird, wenn wir über das Leiden und den Tod Jesu am Kreuz nachdenken, werden wir wirklich „geheimnisvoll zu Ihm hin transportiert". Wir haben dort echten Kontakt zu Ihm. Wir können hier und jetzt wirklich die Quelle der Liebe und Barmherzigkeit empfangen, die von der durchbohrten

Seite Jesu entströmt und die wie ein mächtiger Fluss durch die Zeiten fließt. Durch die theologischen Tugenden des Glaubens und der Liebe können wir tatsächlich in die „göttliche Ewigkeit“ eintreten und Jesus in allen Geheimnissen Seines Lebens, Seines Todes und Seiner Auferstehung wirklich gegenwärtig werden lassen – mehr noch, als wenn wir in einer Zeitmaschine zurückgegangen wären.

Wir kommen durch das glaubenserfüllte und liebevolle Gebet in einen echten Kontakt mit Jesus, auch wenn während der Meditation nicht alle historischen Details genau stimmen. Wer weiß genau, wie viele Menschen historisch am Fuße des Kreuzes waren oder wie alles aussah? Historische Details sind nicht das Wichtigste. Wichtig ist, dass wir in unseren Herzen über das auf der Hl. Schrift basierende Geheimnis nachdenken und dass wir dies im Glauben und mit Liebe tun. Wann immer die theologischen Tugenden (Glaube, Hoffnung und Liebe) beim Gebet aktiv sind, haben wir einen echten Kontakt zu Jesus. Wir berühren Ihn durch diese Tugenden und gerade so, wie eine göttliche, heilende und stärkende Kraft von Christus zu allen ausging, die Ihm im Glauben während Seines irdischen Lebens begegnet sind (s. Lk 6:19), so ist es auch heute, wenn wir über die Geheimnisse des Lebens Christi in Glauben, Hoffnung und Liebe meditieren, dann erreicht uns dieselbe göttliche Kraft.

Die Kraft, die von Christus zu uns in Seinen Geheimnissen ausgeht, ist neu, frisch und einzigartig in jedem Geheimnis. Die Geburt zum Beispiel enthält ihren eigenen Reichtum und ihre Kraft, die uns erheben und unseren Geist erleuchten können, indem sie uns Kraft gibt, mitfühlend zu den Armen zu sein und zumindest selbst geistliche Armut anzunehmen, während wir darüber nachdenken, wie Jesus in Armut geboren wird. Die Gnaden sind endlos in jedem Geheimnis und die Schätze werden freigegeben, wenn wir über die Geheimnisse mit Maria im Glauben, in der Hoffnung und in Liebe nachdenken.

Wie wird der Rosenkranz gebetet

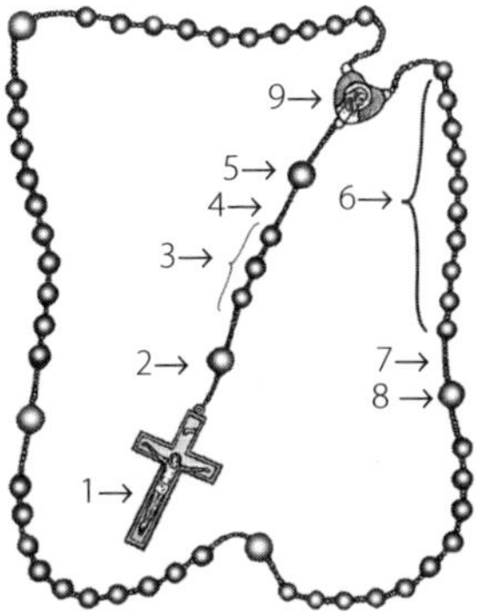

1. Mache das Kreuzzeichen und bete das „Apostolische Glaubensbekenntnis.“

   (Alle Gebete des Rosenkranzes, wie das Glaubensbekenntnis, kann man im nächsten Abschnitt finden.)

2. Bete das „Vaterunser“

3. Bete drei „Ave Maria“
   Mit den Einfügungen:
   a) Jesus, der den Glauben in uns vermehren wolle.
   b) Jesus, der die Hoffnung in uns stärken wolle.
   c) Jesus, der die Liebe in uns entzünden wolle.

4. Bete das „Ehre sei dem Vater“

5. Bete das „Vaterunser“

6. Bete 10 „Ave Maria“ mit der jeweiligen Einfügung des Geheimnisses (Jesus, ...)

7. Bete das „Ehre sei dem Vater“ gefolgt von dem Gebet, das Unsere Liebe Frau von Fatima gewünscht hat: „O mein Jesus, verzeih uns unsere Sünden! Bewahre uns vor dem Feuer der Hölle! Führe alle Seelen in den Himmel, besonders jene, die deiner Barmherzigkeit am meisten bedürfen.“

8. Bete das „Vaterunser“, wiederhole Nr. 6 und 7 und verfahre mit dem dritten, vierten und fünften Geheimnis genauso.

9. Bete das „Sei gegrüßt, O Königin“ an der Medaille (Zwischenstück), wenn du die fünf Gesetze beendet hast.

10. Bete das optionale Abschlussgebet, wenn du möchtest und mache dann das Kreuzzeichen.

Kreuzzeichen
Im Namen des Vaters und des Sohnes und des Heiligen Geistes. Amen.

Das Apostolische Glaubensbekenntnis
Ich glaube an Gott, den Vater, den Allmächtigen, den Schöpfer des Himmels und der Erde und an Jesus Christus, Seinen eingeborenen Sohn, unserm Herrn, empfangen durch den Heiligen Geist, geboren von der Jungfrau Maria, gelitten unter Pontius Pilatus, gekreuzigt, gestorben und begraben, hinabgestiegen in das Reich des Todes, am dritten Tage auferstanden von den Toten, aufgefahren in den Himmel; Er sitzt zur rechten Hand Gottes, des allmächtigen Vaters, von dort wird Er kommen, zu richten die Lebenden und die Toten. Ich glaube an den Heiligen Geist, die heilige katholische Kirche, Gemeinschaft der Heiligen, Vergebung der Sünden, Auferstehung der Toten und das ewige Leben. Amen.

Das Vaterunser
Vater unser im Himmel, geheiligt werde dein Name. Dein Reich komme. Dein Wille geschehe, wie im Himmel so auf Erden. Unser tägliches Brot gib uns heute. Und vergib uns unsere Schuld, wie auch wir vergeben unsern Schuldigern. Und führe uns nicht in Versuchung, sondern erlöse uns von dem Bösen.

Ave Maria
Gegrüßet seist du, Maria, voll der Gnade, der Herr ist mit dir. Du bist gebenedeit unter den Frauen, und gebenedeit ist die Frucht deines Leibes Jesus. Heilige Maria, Muttergottes, bitte für uns Sünder jetzt und in der Stunde unseres Todes. Amen.

Ehre sei dem Vater
Ehre sei dem Vater und dem Sohn und dem Heiligen Geist, wie im Anfang, so auch jetzt und alle Zeit und in Ewigkeit. Amen.

Fatima-Gebet
O mein Jesus, verzeih uns unsere Sünden! Bewahre uns vor dem Feuer der Hölle! Führe alle Seelen in den Himmel, besonders jene, die deiner Barmherzigkeit am meisten bedürfen.

Salve Regina
Sei gegrüßt, o Königin, Mutter der Barmherzigkeit, unser Leben, uns're Wonne und uns're Hoffnung, sei gegrüßt. Zu dir rufen wir verbannte Kinder Evas, zu dir seufzen wir trauernd und weinend in diesem Tal der Tränen. Wohlan denn, uns're Fürsprecherin, wende deine barmherzigen Augen uns zu, und nach diesem Elend zeige uns Jesus, die gebenedeite Frucht deines Leibes. O gütige, o milde, o süße Jungfrau Maria. Amen.

Optionales Abschlussgebet
O Gott, dessen eingeborener Sohn durch Sein Leben, Seinen Tod und Seine Auferstehung den Lohn des ewigen Lebens für uns erkauft hat: Gewähre uns, während wir die Geheimnisse des heiligen Rosenkranzes der Heiligsten Jungfrau Maria erwägen, dass wir nachahmen können, was sie enthalten und erhalten, was sie versprechen, durch denselben Christus, unseren Herrn. Amen.

Die Geheimnisse des Rosenkranzes

~ Die Freudenreichen Geheimnisse ~

Erstes Freudenreiches Geheimnis:
DIE VERKÜNDIGUNG

Der Engel trat bei ihr ein und sagte: „Sei gegrüßt, du Begnadete, der Herr ist mit dir“ (Lk 1:28).

Vaterunser, 10 Ave Maria
mit der Einfügung: Den du O Jungfrau vom Heiligen Geist empfangen hast.
Ehre sei dem Vater, usw.

FRUCHT DES GEHEIMNISSES:
DEMUT

~~~

Zweites Freudenreiches Geheimnis:
DIE HEIMSUCHUNG

Da wurde Elisabet vom Heiligen Geist erfüllt und rief mit lauter Stimme: „Gesegnet bist du unter den Frauen und gesegnet ist die Frucht deines Leibes“ (Lk 1:41-42).

Vaterunser, 10 Ave Maria
mit der Einfügung: Den du O Jungfrau zu Elisabeth getragen hast.
Ehre sei dem Vater, usw.

FRUCHT DES GEHEIMNISSES:
NÄCHSTENLIEBE
~~~

Drittes Freudenreiches Geheimnis:
DIE GEBURT JESU

Sie gebar ihren Sohn, den Erstgeborenen. Sie wickelte ihn in Windeln und legte ihn in eine Krippe, weil in der Herberge kein Platz für sie war (Lk 2:7).

Vaterunser, 10 Ave Maria
mit der Einfügung: Den du O Jungfrau in Bethlehem geboren hast.
Ehre sei dem Vater, usw.

FRUCHT DES GEHEIMNISSES:
ARMUT

Viertes Freudenreiches Geheimnis:
DIE DARSTELLUNG IM TEMPEL

Als sich für sie die Tage der vom Gesetz des Mose vorgeschriebenen Reinigung erfüllt hatten, brachten sie das Kind nach Jerusalem hinauf, um es dem Herrn darzustellen, wie im Gesetz des Herrn geschrieben ist: Jede männliche Erstgeburt soll dem Herrn heilig genannt werden (Lk 2:22-23).

Vaterunser, 10 Ave Maria
mit der Einfügung: Den du O Jungfrau im Tempel aufgeopfert hast.
Ehre sei dem Vater, usw.

FRUCHT DES GEHEIMNISSES:
GEHORSAM

Fünftes Freudenreiches Geheimnis:
DIE AUFFINDUNG DES JESUSKINDES IM TEMPEL

Nach drei Tagen fanden sie Ihn im Tempel; Er saß mitten unter den Lehrern, hörte ihnen zu und stellte Fragen (Lk 2:46).

Vaterunser, 10 Ave Maria
mit der Einfügung: Den du O Jungfrau im Tempel wiedergefunden hast.
Ehre sei dem Vater, usw.

FRUCHT DES GEHEIMNISSES:
FREUDE DARAN, JESUS ZU FINDEN

~~~

~ Die Lichtreichen Geheimnisse ~

Erstes Lichtreiches Geheimnis:
DIE TAUFE JESU

Als Jesus getauft war, … da öffnete sich der Himmel und Er sah den Geist Gottes wie eine Taube auf sich herabkommen. Und siehe, eine Stimme aus dem Himmel sprach: „Dieser ist Mein geliebter Sohn, an dem Ich Wohlgefallen gefunden habe“ (Mt 3:16-17).

Vaterunser, 10 Ave Maria
mit der Einfügung: Der von Johannes im Jordan getauft worden ist.
Ehre sei dem Vater, usw.

FRUCHT DES GEHEIMNISSES:
ÖFFNUNG FÜR DEN HEILIGEN GEIST
~~~

Zweites Lichtreiches Geheimnis:
DIE HOCHZEIT ZU KANA

Seine Mutter sagte zu den Dienern: „Was Er euch sagt, das tut!" ... Jesus sagte zu den Dienern: „Füllt die Krüge mit Wasser!" Und sie füllten sie bis zum Rand (Joh 2:5-7).

Vaterunser, 10 Ave Maria
mit der Einfügung: Der sich bei der Hochzeit zu Kana offenbart hat.
Ehre sei dem Vater, usw.

FRUCHT DES GEHEIMNISSES:
ZU JESUS DURCH MARIA

Drittes Lichtreiches Geheimnis:
DIE VERKÜNDIGUNG DES REICHES GOTTES

„Geht und verkündet: ‚Das Himmelreich ist nahe!' Heilt Kranke, weckt Tote auf, macht Aussätzige rein, treibt Dämonen aus! Umsonst habt ihr empfangen, umsonst sollt ihr geben" (Mt 10:7-8).

Vaterunser, 10 Ave Maria
mit der Einfügung: Der uns das Reich Gottes verkündet hat und zur Umkehr gerufen hat.
Ehre sei dem Vater, usw.

FRUCHT DES GEHEIMNISSES:
REUE UND VERTRAUEN AUF GOTT

Viertes Lichtreiches Geheimnis:
DIE VERKLÄRUNG

Und während Er betete, veränderte sich das Aussehen Seines Gesichtes und Sein Gewand wurde leuchtend weiß. Da erscholl eine Stimme aus der Wolke: Dieser ist Mein auserwählter Sohn, auf Ihn sollt ihr hören (Lk 9, 29:35).

Vaterunser, 10 Ave Maria
mit der Einfügung: Der auf dem Berg Tabor verklärt worden ist.
Ehre sei dem Vater, usw.

FRUCHT DES GEHEIMNISSES:
SEHNSUCHT NACH HEILIGKEIT

Fünftes Lichtreiches Geheimnis:
DIE EINSETZUNG DER HL. EUCHARISTIE

Und Er nahm Brot, sprach das Dankgebet, brach es und reichte es ihnen mit den Worten: Das ist Mein Leib, der für euch hingegeben wird. Ebenso nahm Er nach dem Mahl den Kelch und sagte: Dieser Kelch ist der Neue Bund in Meinem Blut, das für euch vergossen wird. (Lk 22:19-20).

Vaterunser, 10 Ave Maria
mit der Einfügung: Der sich uns in der Hl. Eucharistie geschenkt hat.
Ehre sei dem Vater, usw.

FRUCHT DES GEHEIMNISSES:
ANBETUNG

~ Die Schmerzhaften Geheimnisse ~

Erstes Schmerzhaftes Geheimnis:
DIE TODESANGST IM GARTEN GETSEMANIE

Und Er betete in seiner Angst noch inständiger und Sein Schweiß war wie Blut, das auf die Erde tropfte. Nach dem Gebet stand Er auf, ging zu den Jüngern zurück und fand sie schlafend; denn sie waren vor Kummer erschöpft (Lk 22:44-45).

Vaterunser, 10 Ave Maria
mit der Einfügung: Der für uns im Garten Blut geschwitzt hat.
Ehre sei dem Vater, usw.

FRUCHT DES GEHEIMNISSES:
BETRÜBNIS ÜBER DIE SÜNDE

Zweites Schmerzhaftes Geheimnis:
DIE GEISSELUNG

Darauf nahm Pilatus Jesus und ließ Ihn geißeln (Joh 19:1).

Vaterunser, 10 Ave Maria
mit der Einfügung: Der für uns gegeißelt worden ist.
Ehre sei dem Vater, usw.

FRUCHT DES GEHEIMNISSES:
REINHEIT

Drittes Schmerzhaftes Geheimnis:
DIE DORNENKRÖNUNG

Sie zogen Ihn aus und legten Ihm einen purpurroten Mantel um. Dann flochten sie einen Kranz aus Dornen; den setzten sie Ihm auf das Haupt und gaben Ihm einen Stock in die rechte Hand (Mt 27:28-29).

Vaterunser, 10 Ave Maria
mit der Einfügung: Der für uns mit Dornen gekrönt worden ist.
Ehre sei dem Vater, usw.

FRUCHT DES GEHEIMNISSES:
MUT

Viertes Schmerzhaftes Geheimnis:
JESUS TRÄGT SEIN KREUZ

Er selbst trug das Kreuz und ging hinaus zur sogenannten Schädelstätte, die auf Hebräisch Golgota heißt (Joh 19:17).

Vaterunser, 10 Ave Maria
mit der Einfügung: Der für uns das schwere Kreuz getragen hat.
Ehre sei dem Vater, usw.

FRUCHT DES GEHEIMNISSES:
GEDULD

Fünftes Schmerzhaftes Geheimnis:
DIE KREUZIGUNG

Jesus rief mit lauter Stimme: „Vater, in Deine Hände lege ich Meinen Geist." Mit diesen Worten hauchte Er den Geist aus (Lk 23:46).

Vaterunser, 10 Ave Maria
mit der Einfügung: Der für uns gekreuzigt worden ist.
Ehre sei dem Vater, usw.

FRUCHT DES GEHEIMNISSES:
BEHARRLICHKEIT

~~~

~ Die Glorreichen Geheimnisse ~

Erstes Glorreiches Geheimnis:
DIE AUFERSTEHUNG

„Erschreckt nicht! Ihr sucht Jesus von Nazaret, den Gekreuzigten. Er ist auferstanden; Er ist nicht hier. Seht, da ist die Stelle, wohin man Ihn gelegt hat" (Mk 16:6).

Vaterunser, 10 Ave Maria
mit der Einfügung: Der von den Toten auferstanden ist.
Ehre sei dem Vater, usw.

FRUCHT DES GEHEIMNISSES:
GLAUBE
~~~

Zweites Glorreiches Geheimnis:
DIE HIMMELFAHRT

Nachdem Jesus, der Herr, dies zu ihnen gesagt hatte, wurde Er in den Himmel aufgenommen und setzte sich zur Rechten Gottes
(Mk 16:19).

Vaterunser, 10 Ave Maria
mit der Einfügung: Der in den Himmel aufgefahren ist.
Ehre sei dem Vater, usw.

FRUCHT DES GEHEIMNISSES:
HOFFNUNG

Drittes Glorreiches Geheimnis:
DIE SENDUNG DES HEILIGEN GEISTES

Alle wurden vom Heiligen Geist erfüllt und begannen, in anderen Sprachen zu reden, wie es der Geist ihnen eingab (Apg 2:4).

Vaterunser, 10 Ave Maria
mit der Einfügung: Der uns den Heiligen Geist gesandt hat.
Ehre sei dem Vater, usw.

FRUCHT DES GEHEIMNISSES:
GOTTESLIEBE

Viertes Glorreiches Geheimnis:
DIE AUFNAHME MARIENS IN DEN HIMMEL

Du bist der Ruhm Jerusalems, ... du bist der Stolz unseres Volkes. Mit deiner Hand hast du das alles getan, du hast segensreiche Taten für Israel vollbracht und Gott hat daran Gefallen gehabt. Sei gesegnet vom Herrn, dem Allmächtigen, für ewige Zeiten! (Jth 15:9-10).

Vaterunser, 10 Ave Maria
mit der Einfügung: Der dich O Jungfrau in den Himmel aufgenommen hat.
Ehre sei dem Vater, usw.

FRUCHT DES GEHEIMNISSES:
GNADE EINES GLÜCKSELIGEN TODES

Fünftes Glorreiches Geheimnis:
DIE KRÖNUNG MARIENS

Dann erschien ein großes Zeichen am Himmel: eine Frau, mit der Sonne bekleidet; der Mond war unter ihren Füßen und ein Kranz von zwölf Sternen auf ihrem Haupt (Off 12:1).

Vaterunser, 10 Ave Maria
mit der Einfügung: Der dich O Jungfrau im Himmel gekrönt hat.
Ehre sei dem Vater, usw.

FRUCHT DES GEHEIMNISSES:
VERTRAUEN AUF MARIAS FÜRSPRACHE

Skapuliere

Skapuliere sind Sakramentalien

Skapuliere fallen unter die allgemeine Kategorie der „Sakramentalien“. Bevor wir uns also anschauen, was Skapuliere sind, lass uns zuerst nachschauen, was Sakramentalien sind.

Der *Katechismus der Katholischen Kirche* lehrt, dass [„Sakramentalien“] heilige Zeichen (oder Handlungen) sind, durch die in einer gewissen Nachahmung der Sakramente Wirkungen, besonders geistlicher Art, bezeichnet und kraft der Fürbitte der Kirche erlangt werden.137 Genauer gesagt sind Sakramentalien Objekte (Wasser, Öl, Salz, Kreuze, Skapuliere, Medaillen usw.), die von einem Bischof, Priester oder Diakon gesegnet werden, oder es sind Handlungen (Segen, Handauflegen), die uns helfen, Gnaden zu empfangen. Sie „wirken“, indem sie unser Herz und unseren Verstand Gott zuwenden, wenn wir sie im Glauben verwenden.

Sakramentalien sind keine Sakramente. Sie vermitteln keine sakramentalen Gnaden, wie es die Sakramente tun. Auch sind die Sakramentalien nicht magisch: Der Segen, der einem Objekt wie einem Skapulier aufgelegt wird, verleiht ihm keine besonderen geheimnisvollen Kräfte. Aber Gott gewährt oft besondere Gnaden auf unsere Bitten, wenn wir gesegnete Objekte mit Glauben verwenden.

Der Begriff „Skapulier“ kommt vom lateinischen Wort *scapularium*, was „Schultern“ bedeutet. Es gibt zwei Hauptkategorien von Skapulieren: jene, die von geweihten Ordensleuten als Teil ihres Habits getragen werden und jene, die von den Gläubigen als eine Form der Hingabe getragen werden. Das erstere besteht aus einem langen Stück Stoff, das gewöhnlich von den Schultern bis zu den Knien herabhängt. Das letztere, das „kleine Skapulier“, ist viel kleiner, besteht aus zwei Stoffstücken, die durch dünne Träger oder Bänder verbunden sind, und hat in der Regel eine Verbindung mit einer Ordensgemeinschaft, die das Skapulier trägt. So ist zum Beispiel das „braune Skapulier“ mit dem Orden der Karmeliter verbunden, dessen geweihte Mitglieder einen braunen Habit tragen.

Das blaue Skapulier ist etwa Einzigartiges. Das liegt daran, dass keine der Ordensgemeinschaften, wie zum Beispiel die Konzeptionistinnen, Theatiner und die Marianer von der Unbefleckten Empfängnis, die mit ihm assoziiert werden, blaue Habite tragen. Vielmehr tragen sie das blaue Skapulier – in der kleinen Form – unter ihrem regulären Ordensgewand. Dieses blaue „versteckte Skapulier“, wie es genannt wurde, bedeutet keine Mitgliedschaft in irgendeiner Ordensgemeinschaft; vielmehr bedeutet es eine besondere Verehrung Mariens und ihrer Unbefleckten Empfängnis.

Es gibt viele verschiedene Arten von Skapulieren: schwarz, braun, blau, rot, grün und weiß. Da unser Platz hier jedoch begrenzt ist, werden wir nur zwei davon behandeln: die braunen und die blauen Skapuliere.

Das braune Skapulier

Das braune Skapulier, auch bekannt als das Skapulier Unserer Lieben Frau auf dem Berge Karmel, ist das beliebteste kleine Skapulier. Seine Popularität rührt zu einem großen Teil von der berühmten Erscheinung Mariens zum Hl. Simon Stock her, einem englischen Karmeliter, welcher in der Mitte des 13. Jahrhunderts lebte.

In der Erscheinung soll Maria das braune Habit des Karmelitenordens in ihren Händen gehalten, es dem Hl. Simon dargeboten und gesagt haben: „Mein Sohn, empfange dieses Skapulier deines Ordens; es ist das Zeichen der besonderen Vergünstigungen, die ich für dich und die Kinder des Karmel erlangt habe. Wer in diesem Gnadenkleide sterben wird, wird vor dem ewigen Feuer bewahrt bleiben." Die Schlüsselworte lauten: „Wer *in diesem Gnadenkleide* stirbt, wird vor dem ewigen Feuer bewahrt bleiben." Mit anderen Worten, die Verheißung der Muttergottes bedeutete höchstwahrscheinlich, dass ein treuer Karmeliter-Ordensbruder, der seine Gelübde hält und nach der Regel seines Ordens lebt, wovon sein Ordensgewand ein Symbol ist, im Zustand der Gnade sterben wird. Diese Verheißung erscheint nicht so außergewöhnlich, wenn man bedenkt, dass ein treuer Karmeliter-Ordensbruder durch seine Gelübde und die Regel verpflichtet ist, ein Leben des Verzichts, der Hingabe an das Gebet und der Liebe zu Gott und dem Nächsten zu führen.

Schließlich erweiterte sich der Karmelitenorden, der aus einem Ersten Ordenszweig (Priester und Mönche) und einem Zweiten Ordenszweig (Nonnen) bestand, um einen dritten Laienorden, der sich verpflichtete, bestimmte Regeln der karmelitischen Spiritualität zu leben. Es wird allgemein angenommen, dass die Verheißung, die Maria dem Hl. Simon gab, auch für die Mitglieder des Dritten Ordens gilt, wenn diese hingebungsvollen Laien ihrer Verpflichtung zum Gebet und zu guten Werken treu bleiben, eine Verpflichtung, die durch das Tragen des kleinen Skapuliers angedeutet wird.

Abgesondert von seiner Verwendung durch den Dritten Orden wird das braune Skapulier auch von Mitgliedern der Skapulierbruderschaft Unserer Lieben Frau auf dem Berge Karmel getragen. Eine Bruderschaft ist eine Gruppe von Menschen, die durch ein gemeinsames Bekenntnis oder einen Zweck vereint sind, und die üblicherweise eine religiöse Gruppe ist, die durch eine gemeinsame Spiritualität und Zusammenarbeit in bestimmten guten Werken verbunden ist. Die Mitglieder der Skapulierbruderschaft streben nach Vollkommenheit in der Nächstenliebe nach dem Geist des Karmelitenordens und damit haben sie Teil an ihren geistlichen Vorteilen, wie die Muttergottes sie gegenüber dem Hl. Simon in Bezug auf die Karmeliten verheißen hat.

Es sollte beachtet werden, dass man sich für den Ritus des braunen Skapuliers einschreiben kann, ohne sich einer Bruderschaft anzuschließen. 1996 entschied die Kirche in einer von der Kongregation für den Gottesdienst und die Sakramentenordnung gebilligten Erklärung, dass jeder, der das braune Skapulier empfängt, Mitglied des Karmelitenordens wird und sich verpflichtet, seine Spiritualität gemäß dem eigenen Stand zu leben.

Also, alle Karmeliten sind frei, an die Verheißung zu glauben, die die Muttergottes dem Hl. Simon in Bezug auf sie gegeben hat. Sie müssen jedoch danach streben, den Anforderungen der Nächstenliebe und dem Weg der Vollkommenheit treu zu bleiben. Mit anderen Worten, das braune Skapulier ist kein Glücksbringer oder abergläubischer „Freipass in den Himmel". Es ist vielmehr ein Zeichen für eine ernsthafte Verpflichtung, ein glühendes christliches Leben unter der Schirmherrschaft und dem Schutz Unserer Lieben Frau auf dem Berge Karmel zu führen, deren machtvolle Fürsprache dafür sorgt, dass ihre wahren Söhne und Töchter gerettet werden.

Das blaue Skapulier

Es gibt eine Überlieferung in der Kirche, dass unser Herr der ehrwürdigen Ursula Benincasa (1547 – 1618), der Gründerin der Theatinerinnen, erschien und die dazu beitrug, die Praxis des Tragens des blauen Skapuliers der Unbefleckten Empfängnis bekannt zu machen. Es wird angenommen, dass Jesus zu ihr kam und große Privilegien für ihren Orden versprach und sie bat darum, dass Er denen, die das blaue Skapulier zu Ehren der Unbefleckten Empfängnis tragen, dieselben Gnaden zu schenken. Sie sagte, Jesus habe ihrer Bitte stattgegeben und sie begann, die Skapuliere zu verteilen. Eine Gruppe wohlhabender Mädchen, die dem Materialismus dieser Welt entsagt hatten, um für den Herrn zu leben, waren die ersten, die es trugen, weil sie etwas auf besondere Weise zu Ehren der Heiligsten Jungfrau Maria tragen wollten. 1671 genehmigte Papst Clemens eine Segnungs- und Auflegungszeremonie für das blaue Skapulier.

Das blaue Skapulier symbolisiert die Liebe und Hingabe an die Muttergottes und ist ein Zeichen des Vertrauens auf ihre

Fürsprache und Fürsorge. Es sollte ebenso die Sehnsucht des Trägers bedeuten, so zu leben, wie die Muttergottes es tat, frei von Sünde und in Einheit mit Jesus Christus.

Die Kongregation der Marianer der Unbefleckten Empfängnis begann kurz nach ihrer Gründung durch den Sel. Stanislaus Papczynski (1631 – 1701) das blaue Skapulier zu tragen. Der ehrwürdige Casimir Wyszynki (1700 – 1755), ebenfalls ein Mitglied der Marianer, wandte sich 1733 an die Theatiner und bat um Erlaubnis zum Segnen und Auflegen des blauen Skapuliers für die Gläubigen, da sie diejenigen waren, die offiziell zu der Zeit die Verehrung verbreiteten. 1734 übernahmen die Marianer offiziell die Verwendung des blauen Skapuliers und dessen Verbreitung.

Erst viel später, 1992, beantragten und erhielten die Marianer von den Theatinern die ewige Erlaubnis, das Skapulier zu segnen und aufzulegen. Ein vollkommener Ablass in der Stunde des Todes wird denen gewährt, die das blaue Skapulier tragen und die Erlaubnis ermächtigte die Marianer, andere Priester oder Diakone abzuordnen, um das blaue Skapulier zu segnen und aufzulegen. So fördern die Marianer seit mehr als drei Jahrhunderten das Tragen des blauen Skapuliers als Mittel der Marienverehrung.

Um mehr Informationen zum Beitritt zur Bruderschaft der Unbefleckten Empfängnis der B.V.M., die Auflegung des blauen Skapuliers, die sich daraus ergebenden Pflichten und geistlichen Privilegien und Informationen über das blaue Skapulier selbst zu erhalten, sende bitte eine E-Mail an unseren Bruderschaftskoordinator (confraternity@marian.org) oder fülle unser Online-Formular unter www.marian.org/

confraternity aus. Du kannst auch die gebührenfreie Nummer 1-800-462-7426 (nur für die USA und Kanada) anrufen, um das blaue Skapulier und das Büchlein vom blauen Skapulier zu bestellen (bitte den Code EBS angeben).

Die Wundertätige Medaille

Wie das Skapulier ist die Wundertätige Medaille eine Sakramentalie. Sie geht auf eine Erscheinung Mariens an die in Paris lebende französische Nonne Katharina Labouré zurück. Die spezielle Erscheinung, die mit der Wundertätigen Medaille zu tun hat, ereignete sich am 27. November 1830.

In dieser Vision vom 27. November sah die Hl. Katharina wie Maria auf einer halben Erdkugel stand, mit einer Schlange, die unter ihren Füßen zertreten war und geschmückt mit Ringen an den Händen, die einen kleinen Globus mit einem Kreuz oben drauf hielten. Helles Licht ging von einigen der Juwelen an ihren Fingern aus. Plötzlich verschwand der kleine, goldene Globus aus Marias Händen und sie breitete ihre Arme aus. Das Licht von den Juwelen entströmte ihren Händen und ein Halbkreisrahmen erschien um sie und über ihr mit einer Inschrift in Gold: „O Maria, ohne Sünde empfangen, bitte für uns, die wir zu Dir unsere Zuflucht nehmen."

Die Vision schien sich zu drehen und auf der Rückseite sah Katharina den Buchstaben „M" mit einem Kreuz darauf und umgeben von zwölf Sternen. Das Kreuz stand auf einem horizontalen Balken. Unter dem „M" waren zwei Herzen, entzündet mit Flammen, eines von Dornen umschlossen und das andere von einem Schwert durchbohrt.

Maria sagte dann zu Katharina: „Lass nach diesem Muster eine Medaille prägen. Diejenigen, die sie mit Vertrauen tragen, werden große Gnaden empfangen, besonders, wenn sie um den Hals getragen wird."

Maria erklärte Katharina die Bedeutung der Medaille wie folgt: Maria ist Königin des Himmels und der Erde. Sie zertritt Satan, der vor ihr hilflos ist, unter ihren Füßen (Gen 3:15). Ihre Arme sind offen und die vielen Lichtstrahlen sind Gnaden, die jene erhalten, die sie erbitten. Die dunklen Juwelen, die ohne Licht sind, repräsentieren die Gnaden, die verfügbar sind, die aber die Menschen nicht empfangen, weil sie nicht um sie bitten.

Die Inschrift „O Maria, ohne Sünde empfangen, bitte für uns, die wir zu Dir unsere Zuflucht nehmen", bezieht sich auf Marias unbefleckte Empfängnis, was bedeutet, dass sie vom ersten Moment ihrer Empfängnis an frei von jedem Makel der Erbsünde war.

Auf der Rückseite der Medaille stellen die zwölf Sterne die zwölf Apostel dar, die die ganze Kirche repräsentieren, die Maria umgibt. Das „M" ist für Maria und das Kreuz ist das Kreuz Christi, das Symbol unserer Erlösung. Der horizontale Balken stellt die Erde dar. Die Platzierung des Kreuzes und des Balkens auf und in dem Buchstaben „M" zeigt Marias Teilhabe am Kreuz Christi und ihr Mitwirken in unserer Welt. Die beiden Herzen sind von Jesus und Maria, die vor Liebe für uns alle brennen.

Mit der Erlaubnis der Kirche wurden 1832 die ersten „Medaillen der Unbefleckten Empfängnis" geprägt und beinahe sofort tauchten Berichte über wunderbare Heilungen auf, so viele, dass die Medaille als „Wundertätige Medaille" bekannt wurde.

Seit der Zeit der Erscheinungen wurden Millionen von Medaillen auf der ganzen Welt verteilt, vor allem von Menschen wie der Hl. Mutter Teresa von Kalkutta. Es wird berichtet, dass ihre Missionare der Nächstenliebe derzeit 1,8 Millionen Medaillen pro Jahr verteilen.

Die Wundertätige Medaille erhielt 1895 auf Weisung von Aloisi Kardinal Masella, Präfekt der Ritenkongregation, die liturgische Approbation (besondere Anerkennung und Genehmigung für das öffentliche Gebet). Sie ist eines von nur drei Sakramentalien in der Kirche, die so liturgisch geehrt werden neben dem Rosenkranz und dem braunen Skapulier.

Weit davon entfernt, ein Glücksbringer oder Aberglaube zu sein, haben durch Marias Fürsprache und die Verwendung der Wundertätigen Medaille mächtige Bekehrungen stattgefunden.

Eine der bekanntesten Bekehrungen geschah am 20. Januar 1842 bei Alphonse Ratisbonne, einem jüdischen Atheisten. Er verachtete die Kirche und den katholischen Glauben, zumal sein älterer Bruder Theodor zum Katholizismus konvertierte und katholischer Priester wurde. Aufgrund einer Herausforderung eines katholischen Freundes, Baron de Bussieres, begann Ratisbonne die Medaille zu tragen und das *Memorare* zu rezitieren, um die Fruchtlosigkeit dessen zu beweisen, was er für den lächerlichen Aberglauben in der katholischen Religion hielt.
Am 20. Januar begleitete Ratisbonne Baron de Bussieres in eine Kirche, die heutige Basilika St. Andrea delle Fratte in Rom, wo der Baron etwas Geschäftliches zu tun hatte. Als der Baron zu ihm zurückkehrte, fand er Ratisbonne weinend und seine Medaille küssend vor und er sagte: „Ich habe sie gesehen, ich habe sie gesehen!“

Ratisbonne gab später in seinem Tagebuch wieder, was geschehen war:

> Ich war seit einem Augenblick in der Kirche, als ich mich auf einmal von einer unaussprechlichen Unruhe ergriffen fühlte. Ich erhob meine Augen. Da war plötzlich das ganze Kirchengebäude vor meinen Blicken verschwunden; eine einzige Kapelle vereinte gleichsam alles Licht in sich; und inmitten dieses Lichtglanzes erschien vor mir auf dem Altar groß und leuchtend, voll Majestät und Süßigkeit, die Jungfrau Maria, so wie sie auf der Medaille dargestellt ist; eine unwiderstehliche Gewalt trieb mich nun zu ihr hin. Die Jungfrau machte mir ein Zeichen mit der Hand, ich solle niederknien; sie schien mir dann zu sagen: So ist es gut. Sie hat weiter nichts mit mir gesprochen, aber ich habe von da an alles verstanden.[138]

Diese Begegnung mit Maria hat Ratisbonne so tief getroffen, dass er zum Katholizismus konvertierte und 1847 zum Priester geweiht wurde. Später zog er mit seinem Bruder Theodor ins Heilige Land und gründete eine Kongregation von Schwestern – die Kongregation der Schwestern Unserer Lieben Frau von Sion – um für die Bekehrung der Juden zu beten.

Ein paar Monate nach der Erscheinung wurde ein Bild von Maria gemalt, wie sie Ratisbonne erschienen war und das wurde dann über dem Altar in der Kirche wo Ratisbonne sie gesehen hatte aufgehängt. Später zelebrierte ein anderer Verehrer Mariens und der Wundertätigen Medaille, der Hl. Maximilian Kolbe, seine erste Hl. Messe in derselben Kirche in Rom vor demselben Bild. Offenbar hatte Kolbe im Januar 1917, während er noch Seminarist in Rom war, einen Vortrag über die Bekehrung von Ratisbonne gehört. Er meditierte weitere neun Monate lang über Marias Fürbitte für diesen Ungläubigen.

Im Oktober desselben Jahres begann Kolbe mit sechs weiteren Franziskanern die Militia Immaculatae (MI). Diese jungen Männer weihten ihr Leben vollkommen und bedingungslos Maria, um ihrer eigenen Heiligung und der Bekehrung der Seelen willen. Alle Mitglieder der MI tragen nun die Wundertätige Medaille als Zeichen ihrer vollkommenen Weihe an Maria und verteilen sie, damit Maria Wunder der Gnaden im Leben anderer wirken kann.

Über die Wundertätige Medaille sagte Kolbe:

> Selbst wenn jemand der allerschlimmste wäre, wenn er einverstanden ist, die Wundertätige Medaille zu tragen, gib sie ihm und bete für ihn und bei Gelegenheit versuche ihn, durch ein gutes Wort dahin zu führen, dass er die Muttergottes zu lieben beginne und sich zu ihr flüchte in allen Schwierigkeiten und Versuchungen.[139]

Das Tragen der Wundertätigen Medaille ist eine diskrete, einfache und effektive Möglichkeit, die Hingabe und Weihe an Maria auszudrücken und sie macht uns gewogen, Gottes Gnade durch ihre kraftvolle Fürsprache zu empfangen.

Der Rosenkranz der 10 Tugenden des Evangeliums

Einleitung

Nach dem Hl. Ludwig von Montfort besteht ein wichtiger Teil der eigenen Weihe darin, Marias Tugenden nachzuahmen. Doch um ihre Tugenden nachzuahmen, müssen wir sie gut kennen. Wir lernen sie gut kennen, indem wir den Rosenkranz der 10 Tugenden des Evangeliums beten, der eine Meditation über 10 Tugenden Mariens behandelt und fördert, die den Evangelien entnommen wurden und die von der Hl. Johanna von Valois (*1505) verfasst wurden.

Wie man den Rosenkranz betet

Um den Rosenkranz zu beten braucht man 10 Perlen eines Rosenkranzes. Beginne mit dem Kreuzzeichen, gefolgt von einem Vaterunser. Dann bete 10 Ave Maria auf den 10 Perlen, aber mit dem folgenden Zusatz: Nach dem du „Heilige Maria, Muttergottes …“ gebetet hast, füge eine der folgenden Tugenden ein:

1. allerreinste
2. klügste
3. demütigste
4. treueste
5. frömmste
6. gehorsamste
7. ärmste
8. langmütigste
9. barmherzigste
10. schmerzerfüllteste

Nach den 10 Ave Maria bete das Ehre sei dem Vater und dann sage:

Bei deiner Empfängnis, O Jungfrau Maria, warst du unbefleckt. Bete für uns zum Vater, dessen Sohn Jesus du für die Welt geboren hast.

Schließe mit folgendem Gebet:
Vater, Du hast die Jungfrau Maria darauf vorbereitet, die würdige Mutter Deines Sohnes zu sein. Du hast sie schon vorher an der Erlösung teilhaben lassen, die Christus durch Seinen Tod erwirkt hat und hast sie makellos bewahrt vom ersten Augenblick der Empfängnis an. Hilf uns durch ihre Gebete in Deiner Gegenwart sündenfrei zu leben. Wir erbitten dies durch Jesus unserem Herrn. Amen.

Möge die Unbefleckte Empfängnis der Jungfrau Maria unser Heil und unser Schutz sein.

Freiwillige Bitten

Die folgenden Bitten, die nach Marias Tugenden eingeteilt sind, sind eigentlich kein Teil des Rosenkranzes der 10 Tugenden des Evangeliums. Aber diese Bitten vor die Muttergottes zu bringen, kann uns helfen, den Rosenkranz effektiver zu beten.

Die erste Tugend: Reinheit

Maria, du bist die Allerreinste, sowohl an Leib als auch an Seele. Hilf mir, meine körperliche Reinheit durch die Wachsamkeit meiner Augen zu schützen und indem ich alles vermeide, was zu Lust führen könnte. Hilf mir, mich bescheiden zu kleiden und zu handeln, meine Würde zu schützen und auch die Würde anderer anzuerkennen.

Lass meine Absichten rein sein. Hilf mir, alles für Jesus zu tun, ohne egoistische Motive oder Vorhaben.

Die zweite Tugend: Klugheit

Du kluge Jungfrau, du hast alles in deinem Herzen erwogen, was Gott in deinem ganzen Leben gesprochen hat. Du hast alles erkannt und befolgt, was Gott von dir erbeten hat. Bitte hilf mir, die gleiche Einstellung des Erwägens zu entwickeln. Hilf mir, über alles nachzudenken, was Gott in meinem Leben und durch die Menschen um mich herum tut, damit ich ihm mit Großherzigkeit antworten kann.

Die dritte Tugend: Demut

Du demütige Mutter, Gott hat dich mit der außerordentlichen Gnade der unbefleckten Empfängnis überschüttet, nicht wegen deiner Verdienste, sondern weil es Ihm Freude machte. Lehre mich, mit Freude alle Gnaden anzunehmen, die Gott mir jeden Tag schenkt, wohl wissend, dass ich sie nicht verdiene.

Die vierte Tugend: Treue

Maria, du bist die Treueste. Du hast alles angenommen, was Gott von dir verlangt hat. So groß war deine Bereitschaft, ihm zu folgen und alles in seine Hände zu legen. Ich mache mir Sorgen, treue Mutter, über viele Dinge: mein Leben, meine Familie, meine Arbeit, meine Zukunft, die Zukunft des Landes. Lehre mich, an Gott zu glauben. Lehre mich, auf Ihn zu vertrauen, wie du es getan hast und alles Seinem Heiligsten Willen zu übergeben.

Die fünfte Tugend: Frömmigkeit

Hingebungsvollste Mutter und Vorbild für das Gebet, lehre mich, wie man betet. Verbinde meine kleinen Gebete mit deinen, und mache sie Gott noch angenehmer. Lehre mich vor allem, Jesus in der Eucharistie achtsam zu empfangen. Hilf mir, mit Ihm zu sprechen, Ihn zu lieben und Ihm zuzuhören.

Die sechste Tugend: Gehorsam

Maria, durch deinen liebevollen Gehorsam gegenüber dem Willen Gottes hast du der Welt ihren Erlöser gebracht. Ich bin oft hin- und hergerissen zwischen meinem Willen und dem Willen Gottes. Hilf mir, meinen hartnäckigen Willen aufzugeben, auch wenn es manchmal so aussieht, als hätte ich keine Hoffnung, mich zu ändern. Hilf mir auch, den Willen Gottes zu lieben, selbst wenn er schwer zu akzeptieren ist.

Die siebte Tugend: Armut

O ärmste Mutter, deine Armut war sowohl physisch als auch spirituell. Du hattest nur einfache Dinge und doch hast du alles als Geschenk Gottes angesehen. Meine Besitztümer können mich manchmal besitzen und ich vergesse, dass auch sie Geschenke Gottes sind, wenn sie Ihm zur Ehre gereichen. Hilf mir, mich von jeglichen Bindungen an meinen Besitz zu befreien, die mich davon ablenken, Gott zu lieben. Hilf mir auch, immer dankbar zu sein für all den materiellen und geistlichen Segen, den Gott mir gibt.

Die achte Tugend: Geduld

Maria, Vorbild der Geduld, du hast alles mit größter Geduld ertragen. Hier, Maria, ringe ich manchmal. Wenn die Dinge nicht sofort meinen Weg gehen, kann ich ungeduldig und manchmal sogar wütend werden. Lehre mich, Versuchungen und Lasten in Gottes Zeit zu tragen und nicht gemäß meiner eigenen Zeit. Verwandle meine Momente des Wartens, auch in kleinen Dingen, wie stockender Verkehr oder eine Schlange an der Kasse, in Augenblicke friedvollen Gebetes.

Die neunte Tugend: Barmherzigkeit

Große Mutter der Barmherzigkeit, du hast Jesus Christus geboren, der die menschgewordene Göttliche Barmherzigkeit ist. Du trittst auch ständig für alle deine Kinder hier auf Erden ein. Lehre mich, wie ich Jesus um Barmherzigkeit bitten und wie ich barmherzig gegenüber anderen sein kann.

Die zehnte Tugend: Schmerz über die Sünde

Schmerzerfüllteste Mutter, dein verwundetes und durchbohrtes Herz erinnert mich an die Realität der Sünde und daran, wie sehr es dir weh tut, wenn wir Gott den Rücken kehren. Deine Liebe zu uns ist auch eine Quelle des Schmerzes, da du bei uns bist, wenn wir leiden. Lehre mich, wahre Reue über meine Sünden zu haben. Lehre mich auch, mich an dich zu wenden, wenn die Versuchungen und Leiden des Lebens überwältigend erscheinen.

Der Rosenkranz der sieben Schmerzen Mariens

Einführung

Die Andacht zu den sieben Schmerzen Mariens geht auf das Mittelalter zurück und wurde vom Servitenorden gefördert. Als Maria den Sehern in Kibeho, Ruanda; erschien, bat sie darum, diese zu beten. Die sieben Schmerzen basieren auf biblischen Ereignissen im Leben Jesu und Mariens, die die Leiden Mariens offenbaren.

Der Rosenkranz der sieben Schmerzen Mariens wird auf einen besonderen Rosenkranz gebetet, der aus sieben Gruppierungen mit sieben Perlen besteht und drei abschließende Perlen hat. Jede Gruppe mit sieben Perlen beginnt mit einem Vaterunser, gefolgt von sieben Ave Maria. Am Ende, auf den drei verbleibenden Perlen des Rosenkranzes, werden drei Ave Maria zu Ehren der Tränen unserer schmerzerfüllten Mutter gebetet. Während man die Gebete spricht, meditiert man über folgendes:

Der erste Schmerz – die Weissagung des Simeon

Die Weissagung Simeons, der zu unserer schmerzerfüllten Mutter über die bittere Passion und den Tod Jesu sprach:

> Und siehe, in Jerusalem lebte ein Mann namens Simeon. Dieser Mann war gerecht und fromm und wartete auf den Trost Israels und der Heilige Geist ruhte auf ihm. Vom Heiligen Geist war ihm offenbart worden, er werde den Tod nicht schauen, ehe er den Christus des Herrn gesehen habe. Er wurde vom Geist in den Tempel geführt; und als die El-

tern das Kind Jesus hereinbrachten, um mit Ihm zu tun, was nach dem Gesetz üblich war, nahm Simeon das Kind in seine Arme und pries Gott mit den Worten: Nun lässt du, Herr, deinen Knecht, wie du gesagt hast, in Frieden scheiden. Denn meine Augen haben das Heil gesehen, das Du vor allen Völkern bereitet hast, ein Licht, das die Heiden erleuchtet, und Herrlichkeit für Dein Volk Israel. Sein Vater und seine Mutter staunten über die Worte, die über Jesus gesagt wurden. Und Simeon segnete sie und sagte zu Maria, der Mutter Jesu: „Siehe, dieser ist dazu bestimmt, dass in Israel viele zu Fall kommen und aufgerichtet werden, und Er wird ein Zeichen sein, dem widersprochen wird, – und deine Seele wird ein Schwert durchdringen. So sollen die Gedanken vieler Herzen offenbar werden" (Lk 2, 25:35).

Vaterunser und sieben Ave Maria.

Der zweite Schmerz – die Flucht

Unsere schmerzerfüllte Mutter ist gezwungen nach Ägypten zu fliehen, um ihren geliebten Sohn vor dem Tod durch Herodes' Anordnung zu retten:

Als die Sterndeuter wieder gegangen waren, siehe, da erschien dem Josef im Traum ein Engel des Herrn und sagte: Steh auf, nimm das Kind und Seine Mutter und flieh nach Ägypten; dort bleibe, bis ich dir etwas anderes auftrage; denn Herodes wird das Kind suchen, um Es zu töten. Da stand Josef auf und floh in der Nacht mit dem Kind und dessen Mutter nach Ägypten. Dort blieb er bis zum Tod des Herodes. Denn es sollte sich erfüllen, was der Herr durch den Propheten gesagt hat: Aus Ägypten habe ich Meinen Sohn gerufen (Mt 2, 13:15).

Vaterunser und sieben Ave Maria

Der dritte Schmerz – der Verlust

Unsere schmerzerfüllte Mutter ist für drei lange Tage von Jesus getrennt, als Er in Jerusalem bleibt, ohne dass sie davon weiß:

> Nachdem die Festtage zu Ende waren, machten sie sich auf den Heimweg. Der Knabe Jesus aber blieb in Jerusalem, ohne dass Seine Eltern es merkten. Sie meinten, Er sei in der Pilgergruppe, und reisten eine Tagesstrecke weit; dann suchten sie Ihn bei den Verwandten und Bekannten. Als sie Ihn nicht fanden, kehrten sie nach Jerusalem zurück und suchten nach Ihm. Da geschah es, nach drei Tagen fanden sie Ihn im Tempel; Er saß mitten unter den Lehrern, hörte ihnen zu und stellte Fragen. Alle, die Ihn hörten, waren erstaunt über Sein Verständnis und über Seine Antworten. Als Seine Eltern Ihn sahen, waren sie voll Staunen und seine Mutter sagte zu Ihm: Kind, warum hast Du uns das angetan? Siehe, Dein Vater und ich haben Dich mit Schmerzen gesucht. Da sagte Er zu ihnen: Warum habt ihr Mich gesucht? Wusstet ihr nicht, dass Ich in dem sein muss, was Meinem Vater gehört? Doch sie verstanden das Wort nicht, das Er zu ihnen gesagt hatte. Dann kehrte Er mit ihnen nach Nazaret zurück und war ihnen gehorsam. Seine Mutter bewahrte all die Worte in ihrem Herzen (Lk 2, 43:51).

Vaterunser und sieben Ave Maria.

Der vierte Schmerz – die Begegnung

Unsere schmerzerfüllte Mutter begegnet Jesus auf dem Weg nach Golgota und sieht Ihn unter dem grausamen Gewicht des Kreuzes fallen:

> Es folgte Ihm eine große Menge des Volkes, darunter auch Frauen, die um Ihn klagten und weinten. Jesus wandte sich zu ihnen um und sagte: Töchter Jerusalems, weint nicht über mich; weint vielmehr über euch und eure Kinder! Denn siehe, es kommen Tage, da wird man sagen: Selig die Frauen, die unfruchtbar sind, die nicht geboren und nicht gestillt haben. Dann wird man zu den Bergen sagen: Fallt auf uns! und zu den Hügeln: Deckt uns zu! Denn wenn das mit dem grünen Holz geschieht, was wird dann erst mit dem dürren werden? (Lk 23: 27-31).

Vaterunser und sieben Ave Maria.

Der fünfte Schmerz – Jesus stirbt

Unsere schmerzerfüllte Mutter schaut zu, wie Jesus am Kreuz stirbt:

> Dies taten die Soldaten. Bei dem Kreuz Jesu standen Seine Mutter und die Schwester Seiner Mutter, Maria, die Frau des Klopas, und Maria von Magdala. Als Jesus die Mutter sah und bei ihr den Jünger, den Er liebte, sagte Er zur Mutter: Frau, siehe, dein Sohn! Dann sagte Er zu dem Jünger: Siehe, deine Mutter! Und von jener Stunde an nahm sie der Jünger zu sich. Danach, da Jesus wusste, dass nun al-

> les vollbracht war, sagte Er, damit sich die Schrift erfüllte: Mich dürstet. Ein Gefäß voll Essig stand da. Sie steckten einen Schwamm voll Essig auf einen Ysopzweig und hielten Ihn an Seinen Mund. Als Jesus von dem Essig genommen hatte, sprach Er: Es ist vollbracht! Und Er neigte das Haupt und übergab den Geist (Joh 19:24-30).

Vaterunser und sieben Ave Maria.

Der sechste Schmerz – Maria empfängt Jesus

Unsere schmerzerfüllte Mutter empfängt den Leichnam Jesu in ihren Armen:

> Weil Rüsttag war und die Körper während des Sabbats nicht am Kreuz bleiben sollten – dieser Sabbat war nämlich ein großer Feiertag –, baten die Juden Pilatus, man möge ihnen die Beine zerschlagen und sie dann abnehmen. Also kamen die Soldaten und zerschlugen dem ersten die Beine, dann dem andern, der mit ihm gekreuzigt worden war. Als sie aber zu Jesus kamen und sahen, dass Er schon tot war, zerschlugen sie Ihm die Beine nicht, sondern einer der Soldaten stieß mit der Lanze in Seine Seite und sogleich floss Blut und Wasser heraus. Und der es gesehen hat, hat es bezeugt und sein Zeugnis ist wahr. Und er weiß, dass er Wahres sagt, damit auch ihr glaubt. Denn das ist geschehen, damit sich das Schriftwort erfüllte: Man soll an Ihm kein Gebein zerbrechen. Und ein anderes Schriftwort sagt: Sie werden auf den blicken, den sie durchbohrt haben (Joh 19:31-37).

Vaterunser und sieben Ave Maria.

Der siebte Schmerz – die Grablegung

Unsere schmerzerfüllte Mutter sieht, wie Jesus in das Grab gelegt wird:

> Auch einige Frauen sahen von Weitem zu, darunter Maria aus Magdala, Maria, die Mutter von Jakobus dem Kleinen und Joses, sowie Salome; sie waren Jesus schon in Galiläa nachgefolgt und hatten Ihm gedient. Noch viele andere Frauen waren dabei, die mit Ihm nach Jerusalem hinaufgezogen waren. Da es Rüsttag war, der Tag vor dem Sabbat, und es schon Abend wurde, ging Josef von Arimathäa, ein vornehmes Mitglied des Hohen Rats, der auch auf das Reich Gottes wartete, zu Pilatus und wagte es, um den Leichnam Jesu zu bitten. Pilatus war überrascht, als er hörte, dass Jesus schon tot sei. Er ließ den Hauptmann kommen und fragte ihn, ob Jesus bereits gestorben sei. Als er es vom Hauptmann erfahren hatte, überließ er Josef den Leichnam. Josef kaufte ein Leinentuch, nahm Jesus vom Kreuz, wickelte Ihn in das Tuch und legte Ihn in ein Grab, das in einen Felsen gehauen war. Dann wälzte er einen Stein vor den Eingang des Grabes. Maria aus Magdala aber und Maria, die Mutter des Joses, beobachteten, wohin Er gelegt wurde.

Vaterunser und sieben Ave Maria.

Das Schlussgebet

Es werden drei Ave Maria zu Ehren der Tränen unserer schmerzerfüllten Mutter gebetet.

Merkblatt

Startdatum

Start der 33 Tage	Marien-Feiertag	Weihe/Fest
9. Januar	Unsere Liebe Frau von Lourdes	11. Februar
20. Februar*	Die Verkündigung des Herrn	25. März
10. April	Unsere Liebe Frau von Fatima	13. Mai
28. April	Heimsuchung	31. Mai (in D 2. Juli)
Unterschiedlich	Unbeflecktes Herz Mariens	2. Samstag nach Fronleichnam
13. Juni	ULF vom Berge Carmel	16. Juli
13. Juli	Mariä Himmelfahrt	15. August
20. Juli	Maria Königin	22. August
6. August	Mariä Geburt	8. September
10. August	Mariä Namen	12. September
13. August	Schmerzen Mariens	15. September
4. September	ULF vom Rosenkranz	7. Oktober
19. Oktober	ULF in Jerusalem	21. November
5. November	Unbefleckte Empfängnis	8. Dezember
9. November	ULF von Guadalupe	12. Dezember
29. November	Gottesmutterschaft Mariens	1. Januar
31. Dezember	Mariä Lichtmess	2. Februar

* während eines Schaltjahres, wenn der Februar 29 Tage hat, ist der 21. Februar der Beginn.

Tägliche Gebete

Starte die täglichen Gebete mit: *Komm, Heiliger Geist, der Du in Maria lebst.*

WOCHE EINS: der Hl. Ludwig von Montfort

Tag 1: *Hilf mir, diese Exerzitien mit Großherzigkeit und Eifer zu machen.*

Tag 2: *Bereite mich darauf vor, mich selbst ganz hinzugeben, um diese Hingabe solide und vollkommen zu leben.*

Tag 3: *Gib mir die Gnade, Satan zu widersagen und Christus enger zu folgen.*

Tag 4: *Hilf mir, dass ich mich selbst ganz Jesus durch Maria hingebe.*

Tag 5: *Hilf mir, großherzig darin zu sein, alles was ich bin und habe Maria zu geben.*

Tag 6: *Hilf mir, Gott die Ehre zu geben, indem ich Maria alles gebe, was ich habe.*

Tag 7: *Hilf mir, Dich für so einen kurzen, leichten und sicheren Weg zur Heiligkeit zu preisen!*

WOCHE ZWEI: der Hl. Ludwig von Montfort

Tag 8: *Mach mich rein an Leib und Geist und hilf mir, mir selbst zu sterben.*

Tag 9: *Enthülle für mich die Bedeutung der Unbefleckten Empfängnis.*

Tag 10: *Enthülle für mich die Bedeutung der Unbefleckten Empfängnis.*

Tag 11: *Erneuere das Antlitz der Erde, damit die ganze Schöpfung zu Gott zurückkehrt.*

Tag 12: *Vereinige meinen Willen mit dem Willen der Immaculata, welcher eins mit Deinem Willen ist.*

Tag 13: *Bereite mich darauf vor, ein passendes Werkzeug in den Händen der Immaculata zu sein.*

Tag 14: *Bereite mich darauf vor, der Immaculata um des Königreiches willen, alles zu geben.*

WOCHE DREI: die Hl. Mutter Teresa

Tag 15: *Hilf mir, die Liebe des Herzens Jesu zu finden, die in der Dunkelheit verborgen ist.*

Tag 16: *Hilf mir, auf den Durst Jesu zu hören.*

Tag 17: *Führe mich hin zum liebenden Herzen Jesu, des Gekreuzigten.*

Tag 18: *Halte mich in ihrem reinsten und unbefleckten Herzen.*

Tag 19: *Hilf mir, all das Gute, das Du für mich tust, zu erkennen und in meinem Herzen zu erwägen.*

Tag 20: *Hilf mir, glühend mit Maria ein Weihebund zu schließen.*

Tag 21: *Hilf mir, „der Eine zu sein", um Jesus mit Maria zu trösten.*

WOCHE VIER: der Hl. Papst Johannes Paul II.

Tag 22: *Hab Erbarmen mit uns und mit der ganzen Welt.*

Tag 23: *Fülle mein Herz mit Lobpreis für Gott, weil Er mir Maria als geistliche Mutter gegeben hat.*

Tag 24: *Hilf mir, dem herzerwägenden Gebet treu zu sein, so wie Maria es auch war.*

Tag 25: *Erinnere mich daran, in meiner Not um Marias kraftvolle Fürsprache zu bitten.*

Tag 26: *Danke für das Geschenk meiner liebenden Mutter Maria.*

Tag 27: *Bereite mich darauf vor, mich ganz Maria anzuvertrauen, damit sie mich näher zu Christus bringen kann.*

Tag 28: *Ziehe mich in, mit und durch Maria zur Quelle der Liebe und Barmherzigkeit.*

DIE LETZTEN FÜNF TAGE: Zusammenfassung und Rückblick

Tag 29: *Verbringe den Tag damit, über von Montforts marianische Lehre nachzudenken, wie diese drei Worte sie zusammenfassen: LEIDENSCHAFT, TAUFE und GESCHENK.*

Tag 30: *Verbringe den Tag damit, über Kolbes marianische Lehren nachzudenken, wie diese drei Worte sie zusammenfassen: GEHEIMNIS, MILITIA und LIEBE.*

Tag 31: *Verbringe den Tag damit, über Teresas marianische Lehre nachzudenken, wie diese drei Worte sie zusammenfassen: DURST, HERZ und BUND.*

Tag 32: *Verbringe den Tag damit, über die Marienlehre des Hl. Johannes Pauls II. nachzudenken, wie sie diese drei Worte zusammenfassen: MUTTER, „ANVERTRAUENS-WEIHE“ und BARMHERZIGKEIT.*

Tag 33: Morgen-Gloria Weihegebet

Ich, ____________________, ein reuiger Sünder, erneuere und bekräftige heute in deine Hände, O Unbefleckte Mutter, meine Taufgelübde. Ich widersage dem Satan und entschließe mich, Jesus Christus noch enger zu folgen als bisher.

Maria, ich gebe dir mein Herz. Bitte fülle es mit brennender

Liebe für Jesus. Mache es immer achtsam für Seinen brennenden Durst nach Liebe und nach Seelen. Halte mein Herz in deinem allerreinsten Herzen, damit ich Jesus und die Glieder Seines Leibes liebe mit deiner vollkommenen Liebe.
Maria, ich vertraue mich dir ganz an: meinen Leib und meine Seele, meine Güter, sowohl die inneren als auch die äußeren und sogar den Wert aller meiner guten Taten. Bitte mache aus mir, aus allem, was ich bin und habe, was immer dir am meisten gefällt. Lass mich in deinen unbefleckten und barmherzigen Händen ein angepasstes Werkzeug sein, um Gott die größtmögliche Ehre zu geben. Wenn ich falle, führe mich zu Jesus zurück. Wasche mich im Blut und Wasser, das aus Seiner durchbohrten Seite fließt und hilf mir, nie mein Vertrauen in diese Quelle der Liebe und Barmherzigkeit zu verlieren.
Mit dir, O Unbefleckte Mutter – die du immer den Willen Gottes erfüllt hast – vereinige ich mich mit der vollkommenen Weihe Jesu, so wie Er sich im Geist dem Vater hingibt für das Leben der Welt. Amen.

Endnotes

1 DAS GOLDENE BUCH der vollkommenen Hingabe an Jesus durch Maria vom Hl. Ludwig Maria Grignion von Montfort, Kanisius Verlag, Schweiz, Übersetzung und Bearbeitung von Hilde Firtel, 24. Auflage 1990, ISBN 3 85764025 1, Nr. 55. Siehe auch Nrn. 152-168

2 Katechismus der Katholischen Kirche (KKK), R. Oldenbourg Verlag, München – Libreria Editrice Vaticana 1993, Nr. 2701 ff.

3 Verweis der Väter von Montfort, zitiert in *Vollkommene Hingabe*, Seite vi. Nachzulesen unter: https://www.ecatholic2000.com/montfort/true/devotion.shtml

4 Ebenda Nr. 114

5 Ebenda

6 Ebenda Nr. 47

7 Ebenda Nr. 177

8 Marias speziell festgelegte Aufgabe im Erlösungswerk beeinträchtigt Christus in keiner Weise als denjenigen, der dieses Werk in sich selbst vollkommen vollendet. Dass Christus dieses Werk mit Maria (und uns allen) teilt, zeigt Seine Größe. So heißt es im Katechismus (unter Berufung auf das Dokument des II. Vatikanischen Konzils, Lumen Gentium 60, 62):

> Marias mütterliche Aufgabe aber gegenüber den Menschen verdunkelt oder vermindert die einzige Mittlerschaft Christi in keiner Weise, sondern zeigt ihre Kraft. Denn jeder heilsame Einfluss der seligen Jungfrau auf die Menschen ... fließt aus dem Überfluss der Verdienste Christi hervor, stützt sich auf seine Mittlerschaft, hängt ganz und gar von ihr ab und schöpft aus ihr seine ganze Kraft.
> Denn kein Geschöpf kann mit dem fleischgewordenen Wort und Erlöser jemals zusammengezählt werden; sondern wie am Priestertum Christi auf mannigfaltige Weisen einerseits von seinen Dienern, andererseits vom gläubigen Volk teilgenommen wird, und wie die eine Gutheit Gottes in den Geschöpfen auf verschiedene Weisen wirklich ausgegossen wird, so schließt auch die einzige Mittlerschaft des Erlösers bei den Geschöpfen eine unterschiedliche Mitwirkung, die an der einzigen Quelle Anteil hat, nicht aus, sondern erweckt sie (970).

9 Eddie Doherty, *Wisdom's Fool: A Biography of St. Louis de Montfort* (Bay Shore, NY: Montfort Publications, 1993), p. 31. (Anmerkung der Übersetzerin: Quelle in Deutsch nicht bekannt)

10 Die jansenistische Häresie war sehr streng und legalistisch. Sie war auf unsere Sündhaftigkeit und nicht auf Barmherzigkeit fixiert. Nach Meinung der Jansenisten muss man vollkommen und rein sein, um sich Jesus zu nähern und man muss Gottes Liebe verdienen. Sie mochten den Hl. Ludwig von Montfort nicht, weil er die Barmherzigkeit Gottes betonte, vor allem, weil sie uns durch Maria gegeben wurde. Die Jansenisten wollten nicht an die Barmherzigkeit Gottes denken, Sie wollten, dass die Menschen Gott immer fürchten und nur an Seine Gerechtigkeit denken.

11 Battista Cortinovis, SMM, „Saint Louis-Marie Grignon de Montfort," n.d., <http://www.3op.org/stlouis.php> (accessed October 10,2011). Nachzulesen unter http://www.vatican.va/content/john-paul-ii/it/homilies/1996/documents/hf_jp-ii_hom_19960919_vespri-francia.html, Nr. 3

12 *Vollkommene Hingabe* S. 418-419

13 Ebenda Nr. 52

14 Ebenda Nr. 121

15 Ebenda S. 419

16 Ebenda Nr. 147

17 Ebenda Nr. 132, die besagt:

> ...ist es anzunehmen, dass unsere Freunde, Verwandten oder Wohltäter dadurch eine Einbuße erleiden, dass wir uns rückhaltlos dem Dienst des Heilands und Seiner heiligsten Mutter hingegeben und geweiht haben? Das hieße doch wohl, der Macht und Güte Jesu und Mariens Unrecht tun; sie werden unseren Verwandten, Freunden und Wohltätern schon zu helfen wissen, entweder aus dem Wenigen, was wir an geistlichen Gütern besitzen, oder auf andere Weise. Zweitens aber hindert uns diese Hingabe durchaus nicht, für andere zu beten, seien es Lebende oder Verstorbene. Nur die Zuwendung unserer guten Werke untersteht dem Willen Mariens; und gerade darum werden wir mit noch größerem Vertrauen beten. So wird

zum Beispiel ein reicher Mann, der sein ganzes Vermögen einem großen Fürsten geschenkt hat, den er ehren will, diesen Fürsten mit umso größerem Vertrauen bitten, einen Freund zu unterstützen, der ihn um Hilfe ersucht hat. Ja, damit würde er dem Fürsten sogar eine Freude machen, da er ihm Gelegenheit gibt, seine Dankbarkeit gegenüber dem Manne zu beweisen, der sich entäußert hat, um ihn zu bereichern, der sich arm gemacht hat, um ihn zu ehren. Das gleiche müssen wir vom Heiland und von der Gottesmutter sagen: sie werden sich niemals an Dankbarkeit übertreffen lassen.

18 Tagebuch der Schwester Maria Faustyna Kowalska aus der Kongregation der Muttergottes der Barmherzigkeit, MISERICORDIA – Verlag, Kraków, Nr. 605. Das Kapitel sagt:

> O Heilige Dreifaltigkeit, Ewiger Gott, ich danke Dir, dass Du mir die Größe und die Stufenunterschiede der Herrlichkeit zu erkennen gabst, die die Seelen trennen. O wie groß ist der Unterschied zwischen nur einer Stufe der tieferen Erkenntnis Gottes. Wenn das die Seelen wüssten. O mein Gott, wenn ich nur eine mehr davon erreichen könnte, würde ich gern die Leiden aller Märtyrer zusammen auf mich nehmen. (68) Wahrhaft, all diese Qualen kommen mir nichtig vor im Vergleich mit der Herrlichkeit, die uns für die ganze Ewigkeit erwartet.

19 *Vollkommene Hingabe,* Nr. 144. Es ist auch interessant, in Nr. 28 im Kontext zu lesen: „Maria gebietet im Himmel die Engel und die Seligen. Als Belohnung für ihre tiefe Demut hat Gott ihr die Kraft und Erlaubnis gegeben, die leeren Throne, von denen die abtrünnigen Engel vor Stolz gefallen sind, mit Heiligen zu füllen."

20 Ebenda Nr. 133

21 Ebenda Nr. 82

22 Ebenda Nr. 154, siehe auch Nr. 152

> Gewiss gibt es auch auf diesem Weg harte Kämpfe zu bestehen und große Schwierigkeiten zu überwinden. Aber Maria ist ihren treuen Dienern stets ganz nahe und gegenwärtig. Sie erhellt ihr Dunkel und erleuchtet sie in ihren Zweifeln; sie ermutigt sie in ihren Ängsten und stützt sie in ihren Kämpfen und Schwierigkeiten. Und so ist in Wahrheit dieser jungfräuliche Weg zu Jesus Christus, verglichen mit anderen Wegen, ein Pfad der Rosen und des Honigs.

23 Ebenda Nr. 155

24 Ebenda Nr. 222

25 Ebenda Nr. 208 (Anmerkung der Übersetzerin: der Text wird in der deutschen Übersetzung ausgelassen.) siehe https://www.ecatholic2000.com/montfort/true/devotion.shtml

26 Siehe ebenda Nrn. 218-219, die besagen:

> Ich sehe so viele fromme Menschen, die Christus auf allen möglichen Wegen, durch alle möglichen Übungen suchen; und wie oft müssen sie nach vieler nächtlicher Arbeit bekennen: „Wir haben uns die ganze Nacht gemüht und nichts gefangen." (Lk 5, 5)
> Bewusst gebrauche ich den Ausdruck: die Heiligen werden in Maria geformt. Es ist nämlich ein großer Unterschied, ob man eine Statue mit Hammer und Meißel aus dem Stein haut, oder sie einfach in einer Form abgießt. Die Bildhauer haben viel Arbeit und brauchen lange, um eine Statue auf die erstere Art herzustellen; beim zweiten Verfahren aber haben sie nicht viel Arbeit damit und brauchen wenig Zeit.

27 Ebenda Nr. 210, siehe auch Nr. 203:

> [Maria] nimmt jede Gelegenheit wahr, um ihren Kindern Gutes zu tun, sie groß und reich zu machen. Da sie im Lichte Gottes alles Gute und alles Übel, Glück und Unglück Gottes Segen und Gottes Fluch klar erkennt, fügt sie in weiser Voraussicht alles so, dass ihre Diener möglichst vom Übel verschont bleiben und Gutes erfahren. „Sie selbst kümmert sich um unsere Interessen," sagt ein bestimmter Heiliger.

Und Nr. 209:

> [Maria] führt und leitet [ihre Anhänger] gemäß dem Willen ihres Sohnes. ... Sie weist ihnen die Wege des ewigen Lebens und hält sie zurück von gefährlichen Schritten. ... „Wenn du ihr folgst", sagt der heilige Bernhard, „kannst du nicht von der Straße abkommen." Es besteht keine Gefahr, dass ein wahres Kind Marias vom Teufel in die Irre geführt wird und in Häresie verfällt. Wo Maria hinführt, sind Satan mit seinen Täuschungen und Ketzer mit ihren Feinheiten nicht anzutreffen.

28 Patricia Treece, *A Man for Others: Maximilian Kolbe, Saint of Auschwitz* (Huntingham, IN: Our Sunday Visitor, 1982), p. 1.
In Deutsch: https://fsspx.de/de/news-events/news/die-rote-krone-17359

29 Ebenda S. 9

30 Ebenda S. 160

31 P. Karl Stehlin FSSPX, *Die Immaculata unser Ideal, Der Geist der Militia Immaculatae nach P. Maximilian Kolbe*, Sarto Verlag, Stuttgart 2004, S. 51

32 Hier ist die offizielle, unfehlbare Erklärung von Papst Pius IX. etwa vier Jahre vor den Erscheinungen in Lourdes:

> … die seligste Jungfrau Maria im ersten Augenblick ihrer Empfängnis durch die einzigartige Gnade und Bevorzugung des allmächtigen Gottes im Hinblick auf die Verdienste Christi Jesu, des Erlösers des Menschengeschlechtes, von jeglichem Makel der Urschuld unversehrt bewahrt wurde. (*KKK, Nr. 491*)

33 *P. Karl Stehlin FSSPX, Die Immaculata unser Ideal, Der Geist der Militia Immaculatae nach P. Maximilian Kolbe*, S. 84-85

34 Ebenda S. 85

35 Ebenda S. 86-87

36 Siehe Paul VI. Predigt zur Seligsprechung von Maximilian Kolbe am 17. Oktober 1971: (http://www.vatican.va/content/paul-vi/it/homilies/1971/documents/hf_p-vi_hom_19711017.html)

> Niemand sollte es missbilligen, wenn der Sel. Maximilian und die Kirche zusammen mit ihm eine solche Begeisterung für die formale Verehrung der seligsten Jungfrau zeigen; dieser Enthusiasmus wird angesichts der Verdienste und Vorteile, die sich aus einer solchen Verehrung ergeben können, nie zu groß sein, gerade weil eine geheimnisvolle Gemeinschaft Maria mit Christus vereint, eine Gemeinschaft, die im Neuen Testament überzeugend dokumentiert ist. Lassen Sie uns das niemals als „Mariolatrie" betrachten; wir wissen, dass die Sonne niemals durch das Licht des Mondes gedimmt werden wird; und niemals wird der Heilsdienst, der der Fürsorge der Kirche anvertraut ist, beeinträchtigt werden, wenn die Kirche treu ist, um Maria, ihre außergewöhnliche Tochter und geistliche Mutter zu ehren.

37 Thomas von Aquin, Sentenzen über Gott und die Welt, Johannes-Verlag Einsiedeln, S. 48,49. Übersetzt von der Übersetzerin. Ähnliches wird auf S. 31-32 hier erklärt: https://core.ac.uk/download/pdf/12170786.pdf]

38 H. M. Manteau-Bonamy, OP, Immaculate Conception and the Holy Spirit, trans. Richard Arnandez, FSC (Libertyville, IL: Franciscan Marytown Press, 1977), p. 3 (Übersetzt von Übersetzerin, da kein Text in Deutsch gefunden wurde)

39 Ebenda, p. 4

40 Ebenda

41 Luigi Faccenda, OFM Conv., One More Gift, trans. Father Kolbe Missionaries of the Immaculate (West Covina, CA: Immaculata Press, 1990) pp. 74-75.

42 Treece, p. 73

43 Aim Higher!: Spiritual and Marian Reflections of St. Maximilian Kolbe, trans. Dominic Wisz, OFM Conv. (Libertyville, IL., Marytown Press, 2007) p. 15. (Übersetzt von Übersetzerin)

44 Treece, p. 67

45 Aim Higher!, p. 129

46 Ebenda, p. 13

47 Manteau-Bonamy, p. 43

48 Faccenda, pp. 51-52

49 Treece, pp. 68-69

50 Ebenda, p. 66

51 P. Karl Stehlin, Die Weihe an die Immaculata, Alverna Verlag 2018, Schweiz, S. 64

52 Ebenda

53 Ebenda

54 Ebenda

55 *Mutter Teresa, Komm, sei mein Licht, Die geheimen Aufzeichnungen der*

Heiligen von Kalkutta, Brian Kolodiejchuk MC, Pattloch Verlag, München, S. 26

56 Ebenda, S. 62

57 Ebenda, S. 83

58 Ebenda, S. 84

59 Ebenda, S. 54

60 Ebenda, S. 177

61 Ebenda, S. 243/250

62 Ebenda, S. 252

63 A Life for God: Mother Teresa Treasury, ed. Lavonne Neff (NY: Harpercollins, 1996) p. 139 oder https://soulfoodministries.wordpress.com/2016/11/18/the-kiss-of-jesus-mother-st-teresa-of-calcutta/

64 Die Botschaft Johannes Pauls II. für die Fastenzeit besagt:

> Liebe Brüder und Schwestern, ... Hört die Stimme Jesu, der vor Müdigkeit erschöpft und halb verdurstet am Jakobsbrunnen zur Samariterin sagt: „Gib mir zu trinken!" (Joh 4:7). Blickt auf den ans Kreuz geschlagenen, sterbenden Jesus und hört Seine kaum vernehmbare Stimme: „Mich dürstet" (Joh 19:28). Heute wiederholt Christus Seinen Anruf und in unseren ärmsten Brüdern erlebt Er noch einmal die Qualen Seines Todeskampfes.
> http://www.vatican.va/content/john-paul-ii/de/messages/lent/documents/hf_jp-ii_mes_19091992_lent-1993.html

65 Mutter Teresas Brief an die Missionarinnen der Nächstenliebe, 25. März 1993 aus dem Mutter Teresa Zentrum, Genutzt mit Genehmigung

66 *Komm, sei mein Licht*, S. 120

67 Ebenda

68 Ebenda

69 Joseph Langford, MC, *Mother Teresa: In the Shadow of Our Lady*, siehe auch: http://www.kath.net/news/19734 oder http://das-haus-lazarus.ch/Apostolat/Gebete_Litaneien_Messen/356_Mutter%20Teresa.htm

70 Ebenda, S. 40 siehe auch http://das-haus-lazarus.ch/Apostolat/Gebete_Litaneien_Messen/356_Mutter%20Teresa.htm

71 *Aim higher*, S. 13, Siehe auch: https://poschenker.wordpress.com/2018/06/14/maria-immaculata-die-unbefleckte-empfaengnis-nach-dem-seligen-p-maximilian-kolbe/

72 In the Shadow of Our Lady. S. 72

73 Die Gewissenserforschung (auch „Examen" genannt) sollte irgendwann gegen Ende des Tages erfolgen. Die meisten Menschen schaffen es kurz vor dem Schlafengehen. Es ist im Grunde eine geistliche Überprüfung des Bewusstseins der letzten 16 Stunden oder so – daher ziehen es einige Leute vor, die Gewissenserforschung als eine Erforschung des Bewusstseins zu bezeichnen.
Um das Examen zu machen, sollten wir uns zuerst in die Gegenwart Gottes stellen. Mit anderen Worten, wir sollten mit der Haltung beginnen, dass das Examen eine Zeit des Gebetes ist, nicht nur eine geistliche Übung. Das Kreuzzeichen zu machen, mag ausreichen, dies zu tun.
Als nächstes müssen wir uns nur an ein Wort erinnern: Getue, G-E-T-U-E, Getue. Eigentlich müssen wir uns auch daran erinnern, wofür jeder Buchstabe dieses Wortes steht. Beginnen wir mit „G".

G steht für Gnaden. Nach dem Hl. Ignatius ist dies der wichtigste der fünf Punkte. Hier lassen wir einfach den Tag Revue passieren, schauen auf die vielen Gnaden, die Gott uns während der ganzen Zeit geschenkt hat und loben und danken Ihm dann für diese Gnaden. Vielleicht hatten wir zum Beispiel ein tolles Gespräch mit jemandem beim Mittagessen. Während des Examens möchten wir vielleicht über dieses Geschenk nachdenken und Gott dafür loben und danken. Natürlich müssen wir nicht jede einzelne Gnade des Tages durchgehen. Das würde viel zu viel Zeit in Anspruch nehmen. Der Schlüssel ist, dass man sein Herz umherschweifen lässt und sich auf den besonderen Gipfeln der Freude und der Gnade des Tages niederlassen kann, was Ignatius „Trost" nennt. Noch etwas: Wir sollten nicht vergessen, Gott für die Kreuze des Tages zu danken, die auch Gnaden sind.
Wenn wir uns daran gewöhnen, Gott während unseres Examens jeden Tag so zu loben und zu danken, dann werden wir beginnen, die Gnaden, in der Zeit während sie geschenkt werden besser zu erkennen und so werden wir eine ständige Haltung der Dankbarkeit entwickeln. Mit anderen Worten, unser Lob und Dank sollen nicht nur fließen, wenn wir unser Examen machen – sie sollen den ganzen Tag fließen. Außer-

dem wird Gott, da Er unsere Bemühungen sieht, uns mehr und mehr Gnaden senden, wenn wir Seine vielen Gnaden erkennen und dafür danken.

E steht für „Erbitten". Obwohl wir uns bereits in die Gegenwart Gottes begeben haben, als wir mit dem Examen begannen, müssen wir hier eine besondere Gabe des Heiligen Geistes erbitten: die Gnade, unsere Sünden zu erkennen. Ohne die Hilfe des Heiligen Geistes bleiben wir blind für unsere Sündhaftigkeit. Wenn wir also an diesen zweiten Punkt kommen, müssen wir den Heiligen Geist bitten, uns zu helfen, unsere Sündhaftigkeit zu erkennen, die uns zum nächsten Punkt bringt.

T steht für „Töten". Warum „Töten"? Weil es unsere Sünden waren, die Jesus getötet und gekreuzigt haben. In diesem dritten Punkt betrachten wir unsere Sündhaftigkeit (Schwächen und auch Anhänglichkeiten). Also blicken wir wieder über die bewussten Stunden unseres Tages. Dieses Mal suchen wir jedoch nicht nach Gipfeln, sondern nach Tälern, was Ignatius „Trostlosigkeit" nennt. Mit anderen Worten, wir achten auf die Zeiten während unseres Tages, als unsere Herzen fielen. Warum hatten sie fallen können? Vielleicht wegen der Sünde eines anderen. Vielleicht hat uns jemand etwas Unfreundliches gesagt. Schön. Haben wir ihnen vergeben? Wenn ja, gut. Wenn nicht, nun, das Examen ist ein guter Zeitpunkt, um das zu tun.
Lass uns jetzt weiter schauen. Es gibt ein weiteres Mal, dass unsere Herzen gefallen sind. Es war heute Nachmittag bei der Arbeit, als wir am Wasserboiler standen. Hmmm. Warum sind unsere Herzen da gefallen? Ah, ja (danke Heiliger Geist), da haben wir Robert mit einem verbalen Widerhaken aufgehalten. Mal sehen, was noch? Ja, es gibt noch einen weiteren Herzensfall: Wir haben den Stau auf dem Heimweg nicht als kleines Kreuz angenommen. Wir hätten hier friedlicher sein und es als Gebet für andere aufopfern sollen.
Okay, nachdem wir uns an all die Momente der Fälle des Herzens erinnert haben, können wir uns ziemlich niedergeschlagen fühlen. Ein solches Gefühl kann uns dazu verleiten, vor Jesus zu fliehen. Lassen wir das nicht zu. Wenn uns das Gewicht unserer Sündhaftigkeit nach unten zieht, ist das die beste Zeit, um zu Jesus zu gehen, mit unserer Sündhaftigkeit und alles – was uns zum nächsten Punkt bringt.

U steht für „Umarmung". Dies soll es Jesus ermöglichen, uns, die Sünder, die wir sind, mit den Strahlen Seiner barmherzigen Liebe zu umarmen. Während du über diesen Punkt betest, kann es hilfreich sein, an das Bild vom Barmherzigen Jesus zu denken. Ich stelle mir gerne die Strahlen dieses Bildes vor, die mich mit Vergebung umarmen. Ich erinnere mich auch gerne an die Worte Jesu, dass Sein Herz ausruhen kann bei der Vergebung und dass ich Ihm die Freude mache, mein Erlöser zu sein, wenn ich mit meiner Sündhaftigkeit zu Ihm komme. Ich glaube, dass wir an diesem Punkt des Examens Jesus sehr trösten, wenn wir Ihn einfach mit Seiner barmherzigen Liebe uns umarmen lassen – und natürlich sind auch wir getröstet. Ich empfehle, einige Zeit damit zu verbringen, an diesem Punkt (in der Umarmung) zu verweilen, bevor wir zum nächsten Punkt übergehen.

E steht für „Entschluss". Während dieses letzten Punktes des Examens nehmen wir das, was wir aus den vorherigen Punkten gelernt haben und schauen auf den nächsten Tag, bereit, Entschlüsse zu treffen. Nachdem wir zum Beispiel während „T" erkannt haben, dass wir Robert heute mit einem verbalen Widerhaken im Büro aufgehalten haben, könnten wir beschließen, dass wir es morgen früh bis zu ihm schaffen werden, um zu seinem Büroraum zu gehen, ihm auf die Schulter zu klopfen und ihm dazu zu gratulieren, wie seine Fußballmannschaft heute gespielt hat. Nachdem wir uns daran erinnert haben, dass wir heute während des Staus ungeduldig waren, können wir uns vornehmen, uns auf die Zunge zu beißen, wenn Morgen wieder das Meer der Bremslichter auftaucht. Schließlich, weil wir während „G" erkannten, dass Gott während unseres Mittagsgesprächs mit Sally zu uns sprach und Licht auf ein bestimmtes Problem brachte, können wir beschließen, auf dieses Licht zu reagieren indem wir den Online-Artikel lesen, den sie empfohlen hat. (Ich denke, wir haben jetzt eine Vorstellung vom Ganzen).

74 Komm, sei mein Licht, S. 44

75 Scott Hahn, *Gottes Bundestreue, Ein Vater, der seine Versprechen hält*, Christiana Verlag, Stein am Rhein, S. 27

76 Langford, S. 77

77 Komm, sei mein Licht, S. 301, Psalm 69:21

78 Ebenda, S. 302

79 Ebenda, S. 369

80 Ebenda, S. 201

81 Ebenda, S. 271-272

82 George Weigel, Zeugen der Hoffnung: Johannes Paul II. Eine Biographie, Ferdinand Schöningh, Paderborn, S. 431

83 In seinem Buch „*Geschenke und Geheimnis: Am 50. Jahrestag meiner Priesterweihe*“ erklärt Johannes Paul die Bedeutung des Ausdrucks „Totus Tuus“, der sein päpstliches Motto ist. Er sagt, dass der Satz vom Hl. Ludwig von Montfort stammt und dass die Worte „eine Abkürzung für eine vollständigere Form des Anvertrauens an die Muttergottes sind, die so lautet: Totus Tuus ego sum et omnia mea Tue sunt. Accipio Te in mea Omnia. Praebe mimic or Tuum, Maria“ (S. 30).

84 *Lumen Gentium*, Nr. 60

85 Ebenda, Nrn. 61-62

86 Redemptoris Mater Nr. 39

87 Ebenda, Nr. 20

88 Ebenda

89 Ebenda, Nrn. 21-22

90 Ebenda, Nr. 18

91 Ebenda, Nr. 23

92 Ebenda

93 Ebenda, Nr. 39

94 Ebenda, Nr. 24

95 Ebenda, Nr. 44

96 Ebenda

97 Ebenda, Nr. 45

98 Ebenda

99 Ebenda, Nr. 46

100 Dieses waren die Worte von Johannes Paul II. bei dem Gruß an die englischsprachigen Pilger bei seiner ersten Generalaudienz in Rom, nachdem er im Mai 1982 von seiner Reise nach Fatima zurückgekehrt war.
Siehe: Der Apostolische Stuhl 1982, Ansprachen, Predigten und Botschaften des Papstes, Erklärungen der Kongregationen, Libreria Editrice Vaticana-Verlag J.B. Bachem, Vollständige Dokumentation, ISBN 3-7616-0743-1, S. 105. Um den Text zu lesen, siehe Endnote 103.

101 Der Apostolische Stuhl 1982, Ansprachen, Predigten und Botschaften des Papstes, Erklärungen der Kongregationen Akt des Anvertrauens, Papst Johannes Paul II. 13. Mai 1982. Siehe auch die Verwendung dieser Worte während seines Aktes des Anvertrauens vom Mai 1984, der in der Reflektion vom 22. Tag zitiert wird.

102 Der Apostolische Stuhl 1982, Ansprachen, Predigten und Botschaften des Papstes, Erklärungen der Kongregationen. Predigt von Papst Johannes Paul II. in Fatima, Portugal, am 13. Mai 1982, Nr. 8. S. 401

103 Dieser Satz stammt aus dem Grußwort von Johannes Paul II. an die englischsprachigen Pilger bei seiner ersten Generalaudienz in Rom nach seiner Rückkehr aus Fatima (Mai 1982). Der Apostolische Stuhl 1982, Ansprachen, Predigten und Botschaften des Papstes, Erklärungen der Kongregationen. Bei dieser Gelegenheit sagte der Papst:

> Letzte Woche pilgerte ich selbst nach Portugal, insbesondere nach Fatima, um zu danken, dass die Barmherzigkeit Gottes und der Schutz der Mutter Christi mir letztes Jahr das Leben gerettet hatten. Die Botschaft von Fatima ist ein Aufruf zur Bekehrung und Buße, der erste und grundlegendste Ruf des Evangeliums. Heute ist es dringender denn je, wenn das Böse uns durch Fehler bedroht, die auf der Verleugnung Gottes beruhen. Die Botschaft von Fatima behütet uns. Sie lädt uns auch ein, uns der Quelle der Barmherzigkeit durch einen Akt der Weihe erneut zu nähern. Maria möchte, dass wir uns ihr nähern: Jeder von uns, jede Nation und die ganze Welt.

104 Der Apostolische Stuhl 1982, Ansprachen, Predigten und Botschaften des Papstes, Erklärungen der Kongregationen, Predigt 1982, Nr. 8, S. 400-401

105 Ebenda, Nr. 9

106 Akt des Anvertrauens, 13. Mai 1982, Nr.2

107 Ebenda

108 Ebenda

109 Papst Johannes Paul II, Theotókos: Woman, Mother, Disciple (Boston: Pauline Books and Media, 2000), S. 38 (übersetzt von Übersetzerin).

110 Das goldene Buch, Nr. 36

111 Ebenda, Nr. 20

112 Zu dem Punkt, dass Maria uns nicht von Jesus wegführt, sondern zu Ihm führt, schreibt von Montfort:
Maria wurde nur für Gott erschaffen und es ist undenkbar, dass sie auch nur eine Seele für sich selbst reserviert. Im Gegenteil, sie führt jede Seele direkt zu Gott und zur Vereinigung mit Ihm. Maria ist das wunderbare Echo Gottes. Je mehr sich jemand ihr anschließt, desto besser vereint sie ihn mit Gott. Wenn wir „Maria“ sagen, dann schallt von ihr „Gott“ (Hl. Ludwig von Montfort, *Das Gnadengeheimnis Mariens,* Miriam-Verlag)

113 *Aim Higher!* p. 43.

114 Treece, p. 66

115 The Kolbe Reader, ed. Anselm W. Romb, OFM Conv. (Libertyville, IL.: Franciscan Marytown Press, 1987), p. 96

116 Langfort, p. 72 (siehe auch: http://das-haus-Lazarus.ch/Apostolat/Gebete_Litaneien_Messen/356_Mutter%20Teresa.htm)

117 Msgr. Arthur Burton Calkins, „The Theology of the Alliance of the Hearts of Jesus and Mary“, s. http://www.christendom-awake.org/pages/calkins/alliance.htm

118 Papst Pius XII., Audienz anlässlich der Heiligsprechung von Ludwig von Montfort (21. Juli 1947), s. https://katholischglauben.info/heiliger-ludwig-maria-grignion-von-montfort/

119 Das Geheimnis Mariens, Johannes-Verlag (1951), Nrn. 43-44

120 Ebenda, Nrn. 45-46

121 The Kolbe Reader, p. 99

122 Ebenda, p. 112

123 Ebenda, p. 128

124 Es ist die Lehre der katholischen Kirche, dass wir berufen sind, an der erlösenden Tat Jesu für die Welt teilzunehmen. Mit anderen Worten, wie wir in der Einleitung gelesen haben, erlöst Jesus uns nicht nur und erwartet dann, dass wir uns zurücklehnen und entspannen. Im Gegenteil, Er schließt uns in das Werk der Erlösung ein und ein wichtiger Teil dieser Arbeit ist unser Leiden. Jesus lädt uns insbesondere ein, unser Leiden mit Seinem zu vereinigen, um Seelen zu retten. Er lädt uns ein, „Miterlöser" zu sein, Erlöser „mit Ihm", wenn auch in einer völlig untergeordneten Weise Ihm gegenüber.

Wir nähern uns dem Geheimnis der „Miterlösung", wenn wir über einige rätselhafte Worte des Hl. Paulus nachdenken: „Jetzt freue ich mich in den Leiden, die ich für euch ertrage. Ich ergänze in meinem irdischen Leben, was an den Bedrängnissen Christi noch fehlt an seinem Leib, der die Kirche ist" (Kol 1:24). Wie kann Paulus schreiben, dass etwas „fehlt" an den Leiden Christi? Das Leiden Jesu ist objektiv genug, um alle zu retten und die Gnaden Seines Leidens stehen allen zur Verfügung. In diesem Sinne fehlt absolut nichts an Seinem Leiden. Dennoch gibt es eine Art „Mangel" im Leiden Christi in dem Sinne, dass nicht jeder Seine Gnade und Barmherzigkeit subjektiv annimmt. Darüber hinaus fehlt auch etwas an Seinem Leiden, wenn die Menschen Seine Gnade und Barmherzigkeit nicht vollständig annehmen, das heißt, wenn sie dies halbherzig und mit Vorbehalten und Bedingungen tun. Gerade in solchen Situationen, in denen Menschen Gottes Gnade ablehnen oder nicht vollständig annehmen, können unsere Leiden und Gebete eingesetzt werden, um „das zu vollenden, was fehlt".

Also kam Jesus nicht, um uns das Leiden zu nehmen – Er kam, um es zu verwandeln. Bei Christus ist Leiden keine bedeutungslose Last mehr. Ja, wir leiden immer noch, aber jetzt, wenn wir uns im Zustand der Gnade befinden und unsere Leiden mit denen von Jesus vereinigen, haben sie einen Heilswert, sie retten Seelen; sie geben anderen Leben. „Das ist großartig", könntest du sagen, „aber wie vereinige ich meine Leiden mit Christus?" Es ist einfach. Gib sie Maria. Maria war am meisten mit Jesus vereint in Seinem Leiden am Kreuz und wenn wir ihr unsere Leiden geben, vereinigt sie sie mit denen von Jesus und mit ihren eigenen. Ja, sogar mit *ihren eigenen.*

Marias Leiden am Fuße des Kreuzes waren größer als die Leiden eines anderen Geschöpfes, und sie opferte sie mit größerer Liebe auf. Um ihr Leiden und ihre Liebe besser zu verstehen, denke über folgendes nach: Wenn du eine Mutter, die ein Kind hat, das furchtbar leidet, fragen würdest, ob sie lieber mit ihrem Kind den Platz tauschen würde, würde sie sofort antworten, dass sie das ohne Zögern tun würde. Das ist die Liebe einer Mutter. Jetzt stell dir vor, wenn du die ganze Liebe im Herzen jeder Mutter auf der Welt nehmen und in ein Herz legen würdest, kommt diese Liebe nicht an die Liebe, die Maria für Jesus hat, heran. Denke auch daran, dass ihr Sohn der liebenswerteste von allen ist. Und jetzt denke daran, dass Er brutal geschlagen, beleidigt und langsam qualvoll direkt vor ihren Augen getötet wurde. Kannst du dir ihre Leiden vorstellen? Das können wir nicht. Ihre Leiden sind wirklich die größtmöglichen eines jeden Geschöpfes. Ihr Herz war wirklich mit einem Schwert durchbohrt. Sie wurde wirklich durch Liebe, durch ihre vollkommen mitfühlende Liebe mit Jesu „geistig gekreuzigt".

Wenn ich nun ein „Miterlöser" mit Christus sein kann, indem ich Ihm meine eigenen kleinen Leiden aufopfere, dann ist Maria natürlich auch eine Miterlöserin. In der Tat verdient sie wegen ihres außergewöhnlichen Leidens mit Christus einen besonderen Titel, den ihr viele Päpste verliehen haben: „Co-Redemptrix". Dieser Titel bedeutet nicht, dass sie Christus gleich ist, sondern dass sie mit Ihm auf außergewöhnliche und untergeordnete Weise gelitten hat. (Das Präfix „co" bedeutet nicht „gleich" sondern" mit".) Dieser Titel ist in Anerkennung dessen, dass sie mehr als jeder andere am Erlösungswerk Christi mitgewirkt hat. Und so, wie sie im Leib Christi eine besondere Rolle spielt, nämlich durch ihre Gebete „einen anderen Christus" zu gebären, so hat sie eine besondere Rolle darin, uns mit dem erlösenden Tod Jesu zu vereinigen. Es ist ihre Aufgabe uns zu helfen, unsere Leiden mit Jesus zu vereinigen und in unserem Leiden der Liebe des gekreuzigten Herzens Jesu zu begegnen. Darüber hinaus ergänzt sie die Verdienste unserer Leiden mit ihren unergründlichen Verdiensten, die sie durch ihre schmerzliche Vereinigung mit Christus am Kreuz als Seine liebevolle Mutter gewonnen hat.

Wie gut ist es, Maria geweiht zu sein! Sie hilft uns, unser Leid nicht zu verschwenden. Sie vereint es zusammen mit ihrem eigenen hin zum Kreuz Christi. So macht sie unsere Leiden überreichlich bedeutungsvoll und verdienstvoll für das Leben der Welt.

125 Ebenda, S. 120

126 Ebenda, S. 145

127 Ebenda, S. 15

128 „Das Gnadengeheimnis Mariens“, Nr. 48

129 Joseph Pieper, *Only the Lover Sings: Art and Contemplation* (San Francisco: Ignatius Press, 1990), S. 66

130 Hier ist eine Liste von Marienfesttagen nach Datum:
1. Januar – Hochfest der Gottesmutter Maria
8. Januar – Unsere Liebe Frau vom schnellen Beistand
23. Januar – Verlobung der Maria mit Joseph / Mariä Vermählung
24. Januar – Madonna del Pianto (Unsere Liebe Frau von den Tränen)
2. Februar – Mariä Lichtmess
11. Februar – Marienerscheinung in Lourdes
25. März – Mariä Verkündigung
26. April – Unsere Liebe Frau vom Guten Rat
1. Mai – Patrona Bavariae, Maria Königin
13 Mai – Optional Gedenktag Unserer Lieben Frau von Fatima
24. Mai – Maria-Auxilium – Maria, Hilfe der Christen (Schutzmantelfest)
9. Juni – Maria-Gratia, Mutter der Gnade
27. Juni – Unsere Liebe Frau von der immerwährenden Hilfe
2. Juli – Mariä Heimsuchung
5. Juli – Maria-Lätitia – „Sieben Freuden Marias“
16. Juli – Unsere Liebe Frau auf dem Berge Karmel (Skapulierfest)
17. Juli – Demut der Heiligen Jungfrau Maria
23. Juli – Mutter der Göttlichen Gnade
2. August – Unsere Liebe Frau von den Engeln
5. August – Maria Schnee
13. August – Unsere Frau – Zuflucht der Sünder
15. August – Maria Himmelfahrt
21. August – Unsere Liebe Frau von Knock, Irland
22. August – Maria Königin
26. August – Unsere Liebe Frau von Tschenstochau (Schwarze Madonna)
29. August – Unsere Liebe Frau von der guten Gesundheit
8. September – Mariä Geburt
12. September – Mariä Namen
15. September – Mariä sieben Schmerzen
19. September – Unsere Liebe Frau von La Salette
22. September – Unsere Liebe Frau, Königin des Friedens
24. September – Barmherzige Maria, Unsere Frau von Walsingham, Maria, Loskauf der Gefangenen
1. Oktober – Mariä Schutz und Fürbitte, Byzantinisches Fest
2. Oktober – Schutzmantelmadonna

7. Oktober – Maria-Rosa, Rosenkranzfest
8. Oktober – Unsere Liebe Frau der guten Heilmittel, Trinitaner Orden
11. Oktober – Maria – Mutterschaft Marien
12. Oktober – Maria – Fest Pilar – „Unsere Liebe Frau von der Säule
16. November – Mutter der Barmherzigkeit (Tor der Morgenröte, Vilnius, Litauen)
21. November – Mariä Opferung
27. November – Unsere Liebe Frau von der Wundertätigen Medaille
29. November – Unsere Liebe Frau von Beauraing
3. Dezember – Unsere Liebe Frau vom Siege
8. Dezember – Mariä Empfängnis (Unbefleckte Empfängnis)
12. Dezember – Jungfrau Maria von Guadalupe
18. Dezember – Mariä Erwartung

Hier ist eine Liste der beweglichen Marienfesttage, mit anderen Worten, Festtage, die ihr Datum von Jahr zu Jahr ändern:

Mutter der Kirche – 2. Pfingsttag
Gedenktag des Unbefleckten Herzens Mariens – dritter Samstag nach Pfingsten
Königin der Apostel – Samstag nach Christi Himmelfahrt
Unsere Liebe Frau, Heil der Kranken – Samstag vor dem letzten Sonntag im August
Trösterin der Betrübten – Samstag nach dem Fest des Hl. Augustinus (28. August)
Maria, Mutter der Göttlichen Vorsehung – Samstag vor dem dritten Sonntag im November

Es gibt derzeit vier Arten von „Festen". Vom wichtigsten zum weniger wichtigen gesehen sind das „Hochfeste", „Feste", „gebotene Gedenktage" und „nicht gebotene Gedenktage". Der Begriff „Fest" hat zwei Bedeutungen: Erstens bedeutet es die zweite Art der Feiern. Zweitens wird der Begriff allgemein verwendet, um eine Feier unabhängig vom Rang zu benennen.
Die vier wichtigsten Marienfeste (Hochfeste) im Kalender sind folgende: Gottesmutterschaft Mariens (1. Januar), Unbefleckte Empfängnis Mariens (8. Dezember), Mariä Himmelfahrt (15. August) und die Verkündigung (25. März). Von diesen vier Festen sind die Gottesmutterschaft Mariens, die Unbefleckte Empfängnis Mariens und Mariä Himmelfahrt heilige Tage der Verpflichtung nach dem CODEX DES KANONISCHEN RECHTES, Can 1246 § 1. Die Bischofskonferenz kann jedoch, nach vorheriger Genehmigung des Apostolischen Stuhles, einige der gebotenen Feiertage aufheben oder auf einen Sonntag verlegen.

131 Die fromme Praxis von Fünf ersten Samstagen begann nach der Erscheinung der Muttergottes in Fatima. Bei der Erscheinung im Juli 1917 sagte Maria zu Lucia: „Ich will die Andacht zu meinem Unbefleckten Herzen in der Welt begründen … und die Sühne-Kommunion an den ersten Samstagen fordern zur Sühne für die Sünden der Welt". Erst am 10. Dezember 1925 erschien unsere Heilige Mutter der Lucia (diesmal in Pontevedra, Spanien, wohin Lucia geschickt worden war, um von den Dorotheen-Schwestern lesen und schreiben zu lernen), und vervollständigte ihre Bitte, um die fünf ersten Samstage zu erfüllen.

Sie sagte zu Lucia:
Meine Tochter, schau mein Herz, umgeben von Dornen, mit denen die undankbaren Menschen durch ihre Lästerungen und Undankbarkeiten es ständig durchbohren. Suche wenigstens du mich zu trösten und teile mit, dass ich verspreche, all jenen in der Todesstunde mit allen Gnaden, die für das Heil dieser Seelen notwendig sind, beizustehen, die fünf Monate lang jeweils am ersten Samstag beichten, die Heilige Kommunion empfangen, einen Rosenkranz beten und mir während 15 Minuten durch Betrachtung der 15 Rosenkranzgeheimnisse Gesellschaft leisten in der Absicht, mir dadurch Sühne zu leisten.
Die Praxis der ersten Samstage besteht aus folgenden Elementen, die mit der Absicht der Wiedergutmachung und für fünf aufeinanderfolgende Monate durchgeführt werden:
Beichte (vor oder nach dem ersten Samstag – solange die Person die Hl. Kommunion im Stande der Gnade empfängt), Empfang der Hl. Kommunion am ersten Samstag, Der Hl. Rosenkranz, fünf Gesetze, im Laufe des Tages gebetet, 15 Minuten Meditation der Geheimnisse des Rosenkranzes (eins oder mehrere).

132 The Book of Her Life (Vol. 1) in The Collected Works of St. Teresa of Avila (3 Vols.) trans. Kieran Kavanaugh, OCD, and Otilio Rodriguez, OCD (Washington: Institute of Carmelite Studies, 1976-1987), 4, 9.

133 Siehe Vatikan Seite: http://www.vatican.va/content/john-paul-ii/de/apost_letters/2002/documents/hf_jp-ii_apl_20021016_rosarium-virginis-mariae.html

134 *Rosarium Virginis Mariae*, Nr. 15

135 *Katechismus*, Nr. 2725
136 Ebenda, Nr. 1085, mit Einfügungen ins Original

137 Ebenda, Nr. 1667

138 http://www.arbeitskreis-katholischer-glaube.com/texte/heilige_christusjuenger/bekehrung__des_alphons_ratisbonne.htm

139 https://militia-immaculatae.info/de/maximilian-und-die-wundertaetige-medaille/

Würdigung für
33 Tage zum Morgen-Gloria

Endlich eine einfache Möglichkeit, die Marienweihe zu verstehen und zu leben! Vergiss eine schwierige Theologie und eine veraltete Sprache. Hier findest du zum ersten Mal die beste Lehre über Maria von den Hll. Ludwig von Montfort, Maximilian Kolbe, Mutter Teresa und Papst Johannes Paul II. – alles so einfach und übersichtlich dargestellt, dass du es dir sofort zu Eigen machen und in deinem Alltag anwenden kannst.

Dieses Buch wurde im Vater Gaitley von-Person-zu-Person-Gesprächsstil verfasst und wird jeden dazu inspirieren und befähigen, Jesus durch Maria näher zu kommen. Es wird das neue Handbuch für die vollkommene Hingabe an Maria sein.

-VINNY FLYNN
Bestseller Autor, *7 Secrets of the Eucharist*
Direktor, MercySong Heilungsdienst

In den Tagen und zu einer Zeit, wo der geistliche Einsatz noch nie höher war, ist die Weihe an Jesus durch Maria ein bewährter Weg, um die Heiligkeit des Lebens zu erlangen. Dieser geistliche Weg, der zuerst vom Hl. Ludwig Grignion von Montfort beschrieben wurde, ist ein leichter, kurzer, sicherer und vollkommener Weg auf dieser Reise. Aus diesem Grund hat Vater Michael E. Gaitley, MIC, dem Volk Gottes mit seiner Anpassung an die 33-tägige Vorbereitung auf die Weihe einen großen Dienst erwiesen.

In *33 Tage zum Morgen-Gloria* beleuchtet Vater Gaitley die Lehren vom Hl. Ludwig von Montfort und auch die von drei zeitgenössischen geistlichen Giganten. Diese Heiligen der Kirche enthüllen die Geheimnisse ihrer eigenen Pilgerreise zum Herzen Jesu durch Unsere Liebe Frau und begleiten uns bei der Entdeckung ihrer mütterlichen Seligkeit. Nimm diese Exerzitien und lass die Hll. Maximilian Kolbe, Mutter Teresa, Johannes Paul II. und Ludwig von Montfort dich in ein mystisches Wunder des Unbefleckten Herzens führen. Glaub mir, dein Leben wird nie mehr dasselbe sein!

-JOHNNETTE S. BENKOVIC
Frau der Gnade, Gründerin und Präsidentin
Fernseh- und Radiomoderator auf EWTN

Vater Michael Gaitley, MIC ist mit *33 Tage zum Morgen-Gloria* auf eine Goldader gestoßen. Er schürft die biblische Erfahrung der Weihe an Maria durch die Erfahrungen von vier Giganten auf diesem Gebiet: den Hll. Ludwig von Montfort, Maximilian Kolbe, Mutter Teresa und Johannes Paul II.
Er hat eine unheimliche Fähigkeit, die Essenz des Beitrags eines jeden Einzelnen auf dem Gebiet der Marienweihe zu nennen und klar zu erklären: das leidenschaftliche Beharren auf die Ganzhingabe seiner Selbst vom Hl. Ludwig von Montfort; die mystische Intuition des Hl. Maximilian Kolbe über die innere Vereinigung von Maria mit dem Heiligen Geist im Leben des sich Weihenden; die Erfahrung der Hl. Mutter Teresa mit Maria, die uns in ihr Herz zieht, wo Jesus immer wieder wiederholt „Mich dürstet"; und das Verständnis des Hl. Johannes Pauls II., dass die Weihe an Maria uns zur Quelle der Barm-

herzigen Liebe bringt – die Göttliche Barmherzigkeit, die bereit ist, die Welt zu verwandeln.
Ich beglückwünsche ihn sehr für die außergewöhnliche Art und Weise, wie er das Thema der Weihe behandelt – mit einer konkreten Vorwegnahme der Fragen der Menschen, bevor sie überhaupt gestellt werden. Ich habe jahrzehntelang marianische Vorträge gehalten, und ich habe noch nie einen mit diesem besonderen Stil gelesen, welchen Gott dem Vater Gaitley geschenkt hat.
Gratulation Vater. Gold, in der Tat!

- **VATER JAMES MC CURRY, OFM CONV.**
Provinzial, Provinz Hl. Antonius von Padua

33 Tage zum Morgen-Gloria möchte das Verständnis für die Marienweihe für beide vertiefen, für diejenigen, die die Sehnsucht haben, die Weihe zum ersten Mal zu machen und für diejenigen, die sie bereits gemacht haben. Vater Michael Gait ley, MIC, fasst die marianischen Gedanken von vier geistlichen Giganten zu kraftvollen Exerzitien zusammen. Ein durch Gebet getragenes Lesen dieses Buches vermehrt nicht nur das Wissen über die Marienweihe, sondern führt uns zu einer näheren Vereinigung mit unserer Seligen Mutter.

-**MUTTER ASSUMPTA LONG, OP**
Generalpriorin, Dominikanische Marienschwestern, Mutter der Eucharistie

O Maria, ohne Sünde empfangen, bitte für uns,
die wir unsere Zuflucht zu dir nehmen.